人人都有不足處——

魚在水中也會渴……

破譯

以卡耐基的經典為基調，
打開另一扇窗的新視野！

人性的弱點

A·艾德華 著

前言

你是不是時常有這樣的疑問：為什麼我會聽那個推銷員的推薦，而買下一堆昂貴卻又沒什麼用的東西？為什麼我會答應別人原本不想答應的請求？這些都是別人對我們運用了心理戰術的結果。在生活中，每時每刻都在上演著一幕幕的心理戰。因為生活主要就是由人的心理和行為來支撐的，有人的地方就有競爭，有競爭的地方就離不開心理戰術。

人類的善心與歹念，人性的弱點與優點，到底來自何方？與人交往對方又在想什麼？凡此種種，都是需要對對方了解的。心理戰術是心理學中最實用、最貼近生活的一門學問。當你資金不如人，實力不如人，並不表示你在實際生活中就會落敗，只要你能掌握對方的心理，有效掌握心理戰術的運用，就一定能旗開得勝！心理學能讓人正確認識自己、了解他人、領悟生活，讓自己更健康、更智慧、更快樂！

人人都有不足處，就像魚在水中也會渴。人除了應該認識自己、理解他人之外，也要了解處世之道和成功之道，並將它們應用到自己的生活中去，這會讓你活得更輕鬆自在。

凡成功人士都有一套獨門的做人做事的本領，其實成功之路有章可循。本書以心理學為基礎，告訴您如何探究人心，懂得這些技巧。就能讓你成為八面玲瓏之人，讓你左右逢源，讓你對生活有更深刻的領悟，能讓你收割更為充實的精彩人生。

目錄

第一章　因為平凡，才要追求卓越……15
1 首因定律——第一印象力……16
2 結尾效應——好頭不如好尾……20
3 重複話語的用意……24
4 刻意模仿的同步行為……28
5 多次見面的效應……34
6 察言觀色的技巧……38
7 含而不露、明哲保身……42

第二章　傾聽，提高親和力……47
1 少說多聽，才是談話高手……48
2 讓生氣的人把話說完……52
3 故意說錯讓對方開口……56
4 成功的談話要有共同的話題……60

5 傾聽，才能建立更好的關係……66
6 笨蛋才會用完美來包裝自己……70
7 能馬上叫出對方的名字，你就贏了……74
8 一個人氣度不是用說的，而是用做的……80
9 每天都在幫助他人，卻不得人緣？……84
10 低調，是成功人士的一種特質……88

第三章 讓人無法說「不」的技巧……93

1 漫天要價，取得真經……94
2 感人心者，莫先於情……98
3 步步為營，得寸進尺……102
4 人類無法擺脫欲望的魔咒……106
5 鳥籠效應……110
6 領頭羊效應……114
7 人同此心的同理心……118
8 理性思考的邏輯……122
9 人性金石術……126
10 交友，先看他的朋友……130

第四章 如何尋求支持與合作？……135

1 權威效應最有說服力……136
2 狐假虎威名人效應……140
3 示弱攻心術……144
4 心理暗示作用……148
5 釣魚要用魚餌……152
6 好奇心是人類的本能……156
7 不妨稍為挑戰對方……160
8 大棒加胡蘿蔔……164
9 黑馬中的白馬……168
10 輿論的效應……172
11 人人都會有弱點……176
12 做人就要懂得感恩……180

第五章 最好的和解，是將敵人變朋友……185

1 人前要避開鋒芒……186
2 千萬不要去碰別人的痛處……190
3 得理也要饒人……194

4 不妨故意暴露自己的弱點……198
5 用「我們」來代替「我」……202
6 何不把期待降低一些……206
7 試試低姿態的力量……210
8 「忍」是心口上的一把刀……214
9 老二哲學……218
10 幽默可化解一切……222

第六章 改變自己，贏得友誼……227

1 雪中需送炭……228
2 先送出一把傘……232
3 站在高處，看向遠方……236
4 尋找一個「引路人」……240
5 巧發脾氣的藝術……244
6 拐彎抹角達到目的……248
7 讓對方不得不承諾……252
8 小目標就是大目標的捷徑……256
9 逆向思維看得更清楚……260

10 虛張聲勢的效果……264
11 讓對方疲勞的戰術……268
12 欲進先退的謀略……272
13 製造期待的夢想……276
14 讓對方自己選擇……280

第一章

因爲平凡，才要追求卓越

01

首因定律——第一印象力

人在第一次見面時，
往往會給對方留下比較深刻的印象！
人們會自覺地依據第一印象去評價對方，
日後與對方彼此的互動情況，
也會因為第一印象而產生親疏。
「第一印象」既可幫助某人某事成功，
也可令某人某事宣告失敗。

人生是由無數個「第一次」所組成的。在生活和工作中，由於各種各樣的機會和需要，我們必須和陌生人說話。有些人十分善於與他人交談，即使對方是初次見面或不善言辭的人，他們也能和對方聊得十分愉快，這是因為他們對於身邊的事物和談話對象經過了觀察，由此決定自己的說話策略。

人與人的交往是很奇妙的。從未曾見過面的人一見面有可能一見鍾情，又有可能彼此都很反感。對方喜歡你，可能是因為你留給他的第一印象很好；對方討厭你，可能是你留給他的第一印象太糟。

這就是所謂的「首因效應」。首因效應也叫做「第一印象力」是指最初接觸到的資訊所形成的印象，對我們以後的行為活動和評價的影響。

我們都知道──

懸疑小說家喜歡在小說的開頭，設置諸多的懸念，安排離奇的情節。

電影導演喜歡在影片開頭時運用特技，一下子就抓住了觀眾的眼光。

推銷員喜歡把名片弄得花裏胡哨，甚至印上本人的彩色相片。

仔細想想，他們都是吸引他人注意力的專家。他們這樣做，就是為了通過製造一個良好的第一印象，在第一時間打動了人的心，讓人們心甘情願地買單、付出代價。

小說一開頭就很吸引人，讀者會認為，這個故事一定很精彩，值得買回家閱讀。影片一開頭就運用特技，觀眾會想，大製作果真不同凡響，值得掏錢進電影院。推銷員一見面就拿出有特色的名片，顧客被吸引住了，他會想：這個推銷員與眾不同，不妨聽他要說些什麼？

如果一部小說或影片，內容原本很好，卻以平淡無奇的方式開頭；如果一名推銷員，一開頭就給人以老套的感覺，結果會怎樣？不用說，結果通常會比較糟糕：小說賣不掉，影片不吸引人，開演不久就走掉了大半的觀眾；推銷員還沒來得及介紹產品，就已經被人拒之門外。

在現實生活中，自覺地利用「首因效應」可以幫助我們順利地進行人際交往。在一生中，我們會遇到很多重要的第一次，也就會有很多需要重視的第一印象。比如，求職，第一次去面試；求人辦事，第一次登門拜訪；找對象，第一次與對方約會，這些第一次都很重要。從小的方面來看，關係到求職能否成功、事情能否辦成；從大的方面來看，關係到事業能否如願，婚姻能否美滿。

因此，在現實人際關係的交往中，應力爭給對方留下好的第一印象。

02

結尾效應——好頭不如好尾

誰都知道，一件事情，
總是可以分為不同的階段：
初段——發生，中段——發展，
最後——結尾。
通常我們對最初階段和最後階段的印象最深。
但是人們往往虎頭蛇尾，
只重視「首因效應」，而忽視「結尾效應」。
在人際交往之中，
「結尾效應」與「首因效應」同樣重要。

日本有一位很知名的政客，他有個習慣，如果接受了某個代表或某個團體的請願，便不會送客；但如果不接受，就會客客氣氣地把客人送到門口，而且一一握手鞠躬道別。

他這樣做的目的是什麼呢？是為了讓那些沒有達到目的的人不埋怨他。結果也如他所願，那些請願未得到允諾的人，不但沒有埋怨，反而會因受到他的禮遇，而滿懷感激地離去。

從心理學角度來講，他的做法很有道理，他運用的是「結尾效應」。因為這個效果，即使因為剛剛被拒絕了，而產生的不滿心理也會馬上得到了補償，而變成一種滿足的狀態，最初和最後印象深刻，這就是所謂「首因效應」與「結尾效應」。

絕大多數人都知道「首因效應」。知道與人初次見面時，第一印象很重要。因此，如果是找工作去面試，我們會理髮、整裝、化妝，以求給人留下良好的第一印象；如果是第一次與某人見面，我們通常會面帶微笑，彬彬有禮，讓彼此的關係有一個好的開始。

「結尾效應」是指交往中最後一次見面或最後一瞬間給人留下的印象，這個印象在對方腦海中也會存留很長時間，不但鮮明，且能左右整體印象。

如果你在與人初會的過程中，犯下了某種錯誤，或是表現平平的話，可以在分手的那一刻，做一個令人刮目相看的表現，以改變對方對你原來的印象。只要你的表現得體，不管原先的表現如何，都可以獲得補救，甚至留下永生難忘的印象。

日本政客所擅長的，便是這種高明的心理操縱術。他送客，就是要讓客人忘掉原來的失望，轉而覺得榮幸。然而，由於人們對「結尾效應」缺乏認識，或者不夠重視，導致事情虎頭蛇尾、功虧一簣的事例不勝枚舉。

「好頭不如好尾」，與人打交道，我們不僅要在最初表現很好，最後階段也要表現好，分手時更要特別注意，做到有始有終。

此外，如果給對方的第一印象不夠好，或者在雙方的交往中曾遇到了不快，更應該巧妙地運用「結尾效應」，在最後時刻，挽回局面，達成諒解，給對方留下好印象。

03

重複話語的用意

適當重複對方的話，
既體現對對方的尊重，
還可以對問題和結果進行強化，
激發對方談話的興趣、
加深對自己的好感。

朋友之間的交往，必須給人以信任感，這是不言而喻的。那麼，怎樣才能讓朋友對你產生信任感呢？其實很簡單——溝通的過程是最容易獲得朋友信任的時候，而溝通過程中能否適當地重複對方的話尤為重要。很多人都有這樣的錯誤認識，總是重複對方的話好像顯得自己比較囉嗦，容易引發他人的不滿，其實實際情況並非如此。

的確，過多的重複容易給人造成一種誤覺，然而要是重複得恰到好處，適當的重複對方說話的重點，那麼對方會認為你很重視這次談話，能夠抓住談話的重點，這樣的話，效果就不一樣了。

大部分的人對自己的語言都有一種特殊的感情，尤其是某些情況下經過深思熟慮之後的發言，這類發言對於他們自我滿足感來說相當重要，這個時候一旦我們對他人的話不以為意或者不加重視，就很難讓他人對我們有什麼深刻的好印象，相反地還會把我們納入不能「志同道合」的範疇內，那樣我們就無法和這樣的人接觸，也就得不到他的好感了。

其實，在這個過程中，我們只要以同樣的心情了解對方的煩惱與要求，滿足一下他們內心希望的被重視感覺，就很容易收到相反的好效果。

比如，在與朋友交談時，當聽取了朋友的某種意見時，一面要點頭表示自己同意，一面要適當重複對方的話，這樣就能讓對方感覺受到了重視，從而不由自主地將心裏話說給你，將你當作好朋友來接待。

在恰當的時候重複對方說話的重點，這是一種加深他人對我們印象的一種最簡單有效的方法。很多時候，除非你能引用他人的經驗去讓他理解你所說的話，否則對方甚至不知道你在說什麼。確實是這樣，有些人只有在自己的經驗範圍內才能理解他人的話。

因此，與這種人交流時，如果不能迅速引用他們自己的經驗，他們也不會了解我們想要表達的事物。這是因為，大部分人都很懶惰，懶得動腦去思考問題，如果他們從一開始就不明白你在說什麼，那麼，他們可能就永遠也不會明白了。

所以，當一個聰明人想把自己的想法和意見說給他人聽時，他總會設法運用對方所熟悉的語言，使其能迅速理解自己想說的話。

如果要他人相信你，關鍵是要舉出與聽者的經驗相似的事實，用他熟悉的語言去與他溝通。

04

刻意模仿的同步行為

如果兩人志趣相投，
在不知不覺中，
就會相互欣賞產生「同步行為」。
接著「同步行為」會促進彼此的內心交流，
加深了彼此的好感與欣賞程度。

如果仔細觀察一下坐在茶館或者咖啡廳的戀人，會有什麼樣的感覺呢？他們是不是時不時地做著同一種表情或同一個動作，就像是鏡外的人和鏡中的影子一樣？一方用手摸摸頭髮，另一方也用手摸摸頭髮；一方蹺起二郎腿，另一方也跟著蹺腿；一方捂著嘴笑起來，另一方也跟著捂著嘴笑；一方舉起了杯子，另一方也隨之舉杯……

你看，是不是感覺很溫馨、很浪漫，感覺這兩個人關係親密、相互愛慕、心心相印？相信很多人都會有這種感覺。為什麼呢？因為他倆的步調是如此的一致。

人與人之間這種表情或動作的一致，被稱之為「同步行為」。

「同步行為」不僅存在於戀人之間，在我們日常的工作生活中也普遍存在。比如親人之間、朋友之間、同事之間、上下級之間、甚至是彼此感覺不錯的陌生人之間。

一對感情篤厚的姐妹，同時看到一件漂亮的衣服，「哇，好可愛！」同時流露出喜愛之情。

一對志趣相投的兄弟，一起觀看籃球比賽，眼看球就進了卻又跑出了籃框，兩人異口同聲地說，「真的活見鬼了！」

一對心有靈犀的夫妻，剛參加完朋友的婚禮，兩人回到家，都帶著笑容，同時談論新郎與新娘以及婚禮的種種盛況。這些都是「同步行為」。然而，是什麼誘發了人們的「同步行為」呢？肢體動作是「內心交流」的一種方式。兩人彼此把對方為所效仿的對象，應該是相互欣賞或有相同的心理狀態，即雙方的相互欣賞或看法一致，而誘發了他們的同步行為。

換句話說，「同步行為」意味著雙方思維方式和態度的相似或相通。一般而言，同步行為的一致性與雙方關係的和諧度成正比。在雙方的會面中，如果兩個人關係和諧、相互欣賞，那麼他們的「同步行為」會很多、很細微。反之，同步行為則很少。

想想會議中人們的表情，對某種意見持贊成態度的人和持反對態度的人，是不是往往各自作出相反的動作？贊成的那部分人面帶微笑，不斷地點頭示意；反對的那部分人緊鎖著眉頭，緊閉著嘴唇……

再想想生活中常會遇到的情景：去百貨公司的櫥窗或去某展覽會上，你看上了其中一件物品，另一個人也看上了這件物品，你倆一同走近這件物品，一邊互相對看一眼，一邊發出心底的讚歎，「好棒！」就幾秒鐘，你倆便互生好感，頗有點英雄所見略同的感覺。這種感覺就是從你們的「同步行為」而產生的。

回頭想想你們的同步行為有哪些？眼球同時被這件物品吸引，走向這件物品，帶著驚喜的眼神打量，嘴裏發出一致的讚歎聲……如果倆人再對這件物品的質地、做工與價格看法一致，你肯定就有了路逢知己的感覺了。

在日常生活中，通過人為所製造「同步行為」，可以贏得對方的好感，讓雙方的交談在不經意間變得和諧愉快。

作為下屬，很多人都會感覺到：自己欣賞的上司也欣賞自己，自己不喜歡的上司也不喜歡自己？其實，這其中「同步行為」就在發揮作用了。你向上司傳遞了欣賞，上司接收到了，當然對你會產生好感，同樣也試著以欣賞的眼光看你。

由此推理，如果想得到上司的認可與欣賞，你首先應該認可、欣賞上司。你可以這樣做：與上司在一起時，當上司無意中做出某個動作時，你也跟著做某個動作；上司做出某種表情，你也以同樣的表情回應。你會發現，上司對你的態度會有某些改變。

相對地，作為上司，有時故意與下屬同步也很必要。比如，某下屬在你面前很緊張，你不妨擺出與其一致的姿勢，拉近彼此的心理距離，緩解下屬的緊張情緒。

對於有利益往來的雙方，「同步行動」的魅力也絲毫不減。

在求人辦事過程中，如果你的請求或勸說得不到回應，不妨故意製造一些「同步行為」，快速攻破對方的心理防線。

比如，對方翻閱檔案，你也翻閱檔案；對方脫下外套，你也脫下外套；對方把視線投向窗外，你也掉頭欣賞窗外景色。如此反覆幾次，自然會引發對方的好感，緩和矛盾，使對方樂於接受你的意見，滿足你的請求。

不過，在效仿對方的舉止時，要注意自然流露，不能刻意去表現出來，否則，讓人誤認為你是在故意取笑他或討好他，反而達不到預期的效果。

05

多次見面的效應

熟悉可以導致喜愛。
人們總是習慣於選擇自己熟悉的東西，
想要引起他人的好感與關注，
就要用多看對方的原則，讓對方熟悉。

很多人都會同意，喜新厭舊是人的天性。事實果真如此嗎？那為何商家們都願意花費鉅資為自己的商品投放廣告？如果人真的是喜新厭舊的話，商家們肯定是不願意反覆為自己的商品做廣告。相反，人們在決定購買某一商品時，會受到一種潛意識的影響。某種商品資訊刺激的次數越多、越強烈，人們潛意識中該商品的烙印也就越深刻，對商品的購買和消費就成為一種無意識行為。事實上，人們總是習慣於消費自己熟悉的商品。

因此，對商家來說，反覆的宣傳，在顧客心中造成強烈的印象，是至關重要的。美國著名的可口可樂公司，正是利用了顧客的這一消費心理，以鋪天蓋地的廣告大戰，奠定了可口可樂獨佔世界飲料業龍頭的至尊地位。

可口可樂公司極為重視廣告，對一切報刊、電視廣播、宣傳材料等能用來做廣告的媒體，無不儘量使用。今天，從南極到北極，從最發達的國家到最不發達的國家，可口可樂可說是無處不在、無人不曉。

可口可樂的案例很好地說明了熟悉的就是好的，熟悉可以導致喜愛。與此相似的是心理學上的「多看原則」。說的是在其他條件相等時，人們傾向於喜歡熟悉的人與事。研究也表明，隨機被安排在同一宿舍或鄰近座位上的人更容易成為朋友。在同一棟樓內，居住得最近的人最容易建立友誼。鄰近性與交往頻率有關，鄰近的人常常見面，容易產生吸引。

在人際交往中，如果你細心觀察就會發現，那些人緣很好的人，往往將「多看效應」發揮得淋漓盡致。他們善於製造雙方接觸的機會，以提高彼此間的熟悉度，然後互相產生更強的吸引力。也許你會有疑惑，人與人的交往難道真的這麼簡單？

試想，如果你有兩位關係一樣近的親戚，一位與你住在同一座城市，你們經常見面，每次聚半天；另一位在另一座城市居住，你們每年聚一次，每次待一星期左右。幾年過去了，你更喜歡誰，與誰更親密？

見面次數多，即使時間不長，也能增加彼此的熟悉感、好感、親密感。相反，見面次數少，哪怕時間長，也難以消除因間隔的時間太長而有生疏感，甚至可能因為相處的時間太長而產生摩擦。

顯然，在很多時候，見面時間長，不如見面次數多。像是你想贏得上司的注意與重視，向上司彙報工作，一次彙報很多，不如經常彙報。如果你想與某人建立良好的關係，這方法也適用。要知道，為了給對方留下印象，你一個人滔滔不絕，效果反而不好。你不妨找機會多與對方見面，每次時間別太長。這樣，給對方一個念想，讓他回味你的為人，期待下次的見面。

06

察言觀色的技巧

俗話說：「出門看天色，進門看臉色。」
一個人內心的想法，可以用文字表達，
但是更多的是從口頭與表情上流露出來。
在交談中要注意傾聽，分析語意內涵，
如果不會察言觀色，
便不能領會到說者所要表達的意思，
從而也不能做出正確的判斷。

在日常工作和生活中，我們可以發現，有些人擅長察言觀色，洞察心理，而有些人對別人的態度變化則顯得遲鈍。這是由於各人的天資、能力、個性、生活閱歷和社會經驗等方面，都存在著不同的差異，因而對一件事情就可能產生不同的看法。又由於各人的地位、擔負的工作及生活習慣不同，從不同的角度去觀察問題時，也會得出不同的結論。由此也可以說明人們的敏感性和洞察力是有一定差別的。

只要你留心觀察，對方的一言一行，你會從對手的神態和表情中，發現他所流露出的內心變化。善聽弦外之音是「察言」的關鍵所在，因為言談能告訴你一個人的身分、性格、品質及流露內心情緒。

人的種種曲折的深層心理會不知不覺地反映在自我表現的手段——措辭上。語言可以表明出身，語言除了在社會的、階層的或地理上的差別外，還可以因個人的水準而出現差別的心理性的一些措辭。即使同自己想表現的自我形象無關，通過分析措辭常常就可以大體上看出這個人的真實形象，在這種意義上，正是本人沒意識到的措辭的特徵比詞語的內容還更明確地告訴我們其人自身。

一般來說，只要仔細揣摩，在說話方式裏都可以清楚地表現出一個人的感情或意見，即使是弦外之音也能從說話的情境中逐漸透露出來。

如果你想套知某人某方面的消息，你就和他從一個平常的話題切入，然後認真傾聽、提問、傾聽……一步步達到自己的目的，對方在高興之餘，也忘了提防，相反還會認為你是一個很好的傾聽者，善解人意呢。這也就是所謂的「暗語」，「暗語」是一種「擦邊球式的語言」，它的妙處在於隱晦而不明說，但說者自有深意暗藏。

交談的過程就是傳達資訊的過程，然而對方有時透露的資訊是模糊的或是虛假的，並非他的真實想法，因此必須投石問路摸清對方意圖。摸透對方的心思，知己知彼，說出符合對方利益要求的條件，同時兼顧自己的利益，對症下藥，從而達到雙贏。

老一代的人常說：「不打勤的不打懶的，專打不長眼的。」這話說得實在有道理。因此，我們在生活中一定要學會察言觀色。

07

含而不露、明哲保身

人不但要聰明，也要有智慧。
因為沒有智慧往往只是聰明一時，
並不能真正成氣候。
現代人的生存之道就是人際關係，
所以與人交往不能處處顯得精明，
要做一個大智若愚的人，
才能明哲保身，立於不敗之地。

春秋時期，齊國一位名叫隰斯彌的官員，他的住宅正巧和齊國權貴田常（田成子）的官邸相鄰。田常為人深具野心，後來欺君叛國，挾持君王，自任宰相執掌大權。

隰斯彌雖然懷疑田常居心叵測，不過依然保持常態，絲毫不露聲色。一天，隰斯彌前往田常府第進行禮節性的拜訪，以表示敬意。田常依照常禮接他之後，破例帶他到邸中的高樓上觀賞風光。隰斯彌站在高樓上向四面眺望東、西、北三面的景緻都能夠一覽無遺，唯獨南面視線被隰斯彌院中的大樹所阻礙，於是隰斯彌明白了田常帶他上高樓的用意。

隰斯彌回到家中，立刻命人砍掉那棵阻礙視線的大樹。

正當工人開始砍伐大樹的時候，隰斯彌又命令工人立刻停止砍樹。家人感覺奇怪，於是請問究竟。

隰斯彌回答：「俗話說『知淵中魚者，不祥』，意思就是能看透別人的祕密，並不是好，現在田常正在圖謀大事，就怕別人看穿他的意圖，如果我按照田常的暗示，砍掉那棵樹，只會讓田常感覺我機智過人，對我自身的安危有害而無益。不砍樹的話，他頂多對我有些埋怨，嫌我不能善解人意，但還不致招來殺身大禍，所以，我還是裝著不明白，以求保全性命。」

知道得太多會惹禍，這也是中國古代人一種明哲保身之策。現代的人心透視術也正強調注意此點，不要讓對方發覺你已經知道他的祕密，否則就完全失去了透視人心的意義。如果故意要使對方知道你已經看穿他心意的話，當然就不在此限之內。

如果被別人發現你已讀懂了他的心，那麼你就會在對方的掌控之中了。

在生活中與工作中也是一樣，如果你表現得才智超人，必招人妒忌，他人尤其是與你有競爭關係的人會有 種不安全的感覺，而且肯定不會讓你這樣長久的威脅他們，這樣會給你帶去很大的阻力。

要是你真的是一個智慧的人，你就應該懂得如何保護自己，不要成為眾矢之的，不要處處顯示自己的才能。這樣更加能夠得到別人的認同，也會得到更多的機會。

第二章

傾聽，提高親和力

01

少說多聽，才是談話高手

要想成為一個談話高手，
就要先從傾聽者做起。
談論對方比較喜歡的話題，
鼓勵對方談論自己以及他的風光偉業。
在傾聽時，你需要記住的就是——
與你談話的人對他自己的一切，
遠比你要提問的問題感興趣得多。

即使你是天才的演說家，周圍的觀眾也難免會有厭煩的時候，所以，要在適當的時候學會閉上嘴，傾聽周遭的人的聲音，在他人的訴說中獲知一份真實的告白，一份坦誠的交流，從而獲得他人的尊重和信賴。

我們大多數人常聽而不聞，很多人在聽別人說話時心裏卻在想自己的事情，根本沒有用心去聆聽對方在說些什麼。而真正的傾聽者絕不只是單純地聽而已。傾聽者雖然不是談話的主角，不需要說太多，但是聰明的傾聽者往往會積極地適時發表一些自己的見解，以表示自己是在聽對方談話。

要做到善於傾聽他人的談話，很重要的一點就是全心投入到對方的談話，能夠時不時地問一些問題，或者是鼓勵對方多談他喜歡談的事情，其中還需做到及時、機智地點頭，這些反應也表明自己一直在認真傾聽，這樣訴說者才會認真地繼續演下去。

善於傾聽，會讓你處處受人歡迎。見機行事，適時地閉上嘴巴。人人都有思想和意見，一旦這種思想和意見積聚過多，就要找個方式釋放一下，此時，最好的方式便是與他人溝通、交流。所以，如果有一個人能夠在這時全神貫注地傾聽他的訴說，必定會博得對方的認同和好感。

很多人在交往時，往往想牢牢地控制談話權，不給對方任何說話的機會，因此錯失了很多機會。傾聽是一門藝術，世界上最難做到的事莫過於適時地閉上嘴巴。如果你想成為最受歡迎的人，那麼，和對方談話時最好把說話的機會留給他，讓他說他所關心的事和人。

少說多聽，能夠創造愉悅的氛圍，少說多聽是對意見相左的寬容，能避免矛盾的激化。總之，少說多聽可使你有更多的時間平復自己的情緒和思考，多進行分析，從而強化自己，以便在適當的時候做出及時的反應。

多傾聽，可以讓我們的生活變得更加快樂，讓身邊的人更喜歡你，讓朋友更信任你。很多人都曾有過這樣的經歷：當有人在認真傾聽並理解我們的時候，我們會感到被尊重，同時對對方產生感激和好感。

學會適時地閉上嘴巴，傾聽他人，理解他人，能讓我們擁有更多的朋友。當我們靜靜地坐下來傾聽對方內心的聲音，同時以清澈的眼神注視著對方時，會讓彼此產生心靈上的共鳴。

但許多人並不懂得這個道理。當別人說的話自己不同意時，往往不待別人說完，就想插嘴。實際上，這樣做是不理智的，你想想別人正有一大堆的話急於說出來，你卻從半路殺出，這時他根本就不會注意你想表達的意思。所以，我們必須耐心聽，並且鼓勵對方把意見完全說出來。

02

讓生氣的人把話說完

面對一個正在狂暴發怒的人，
你會怎麼去做？
你也怒火沖天，與他大吵一架？
或是乾脆大打出手？
相信這都不是解決問題的方法，
就如同面對熊熊的烈火，
你只有用水去澆滅，
而不能用油去潑它。

人不會輕易動怒，如果一個人憤怒而向他人發洩時，一定是他認為自己的自尊心受到了損害，才向對方顯示出他的威嚴。這時我們要注意，不管他的怒氣多麼誇大或者多麼幼稚可笑，唯一平息他心中的怒火的是：靜靜地聽他訴說，而且要表現出很專心地在聽，偶爾還需要表現出理解他此刻的心情，即使不能同意他的觀點，但是也要點點頭表示出理解與同情。

李經理去一家常去的餐廳吃午餐，這天他因為有筆生意上的事情沒有解決好，心情有一些不好，就在李經理等待服務生給他送上所點的菜的時候，他發現鄰座比他晚到的客人的桌上已經擺放了菜餚。此時李經理勃然大怒，質問服務生為什麼他早來了反而他所點的菜還沒有上來，而比他晚來的人卻先上了菜，這樣做太不公平，讓人難以接受。在一番吵鬧後，餐廳經理過來了，了解情況以後，叫服務生先下去，餐廳經理站在李經理的旁邊聽他抱怨完後，微笑著對他道歉，並說因為吃飯時間的客人太多，難免有疏忽。並解釋之所以鄰座的菜上得比較快，是因為點的菜剛好跟前面的客人點的菜一樣，師傅就一起做了，所以才上得比他的快。

說的時候，李經理的菜已經上來了，餐廳經理還讓服務生贈送了一盤水果作為向他道歉。李經理回想起自己發火的原因覺得也沒有意思，他自己心裏知道是因為生意上的事情纏繞他，才使他脾氣暴躁，覺得為了這樣的事情發脾氣顯得自己很沒有風度。李經理才不好意思地說：「沒什麼，只是到了吃飯的時候，人的心裏就很急，看到慢來的客人菜都上了，火氣也就上來了，真的是對不住！」

這件事情上面本來李經理的發火不是在理，如果餐廳經理不是那麼耐心地聽他的抱怨，以溫和的方式來平息李經理的怒氣，想必最後肯定是不歡而散，即使李經理知道自己發火是沒有理由的，可能最後李經理再也不會光顧這家經常來的餐廳了。

這個經理用的法子其實很簡單，他只是在對方發洩憤怒和不滿時，靜靜地在一旁聽對方的抱怨，等對方發洩完了，也就好了。

03

故意說錯讓對方開口

小小的心理策略，
往往能夠取得意想不到的效果。
我們要是好好掌握它，
會為我們的生活與工作帶來很大的方便。
你能想到麼？
有時候故意犯點錯誤，
也是一種成功的方法。

當我們與他人相處，想打開話匣子卻不知道如何說起時，我們可以故意說錯一些對方很熟悉的事情，讓對方為你糾正，此時你只需要做一個用心的聽眾就可以了，你們的溝通就開始了。

保爾・李奇是《芝加哥日報》的著名記者。此時，他正坐在胡佛的專用列車上，並且還和胡佛在同一節車廂。現在，他感到十分煩惱。他緊緊地跟著胡佛，對他來說，這是一個採訪這位著名人物的絕佳機會，眼看著這個以獲得第一手資料的絕好機會就要過去了，他卻一無所獲，因為胡佛不想開口。有好幾次，他都把話題扯到胡佛平時最感興趣的事情上了，可胡佛緊閉的雙唇告訴他，他的努力是徒勞的，胡佛此時對任何事情根本不感興趣。

此時的李奇面臨著一個每個人都曾遇到過的難題：他想給這位高權重的知名人士留一個好印象，可這位知名人士對他一點興趣也沒有，冷淡得很。在這種狀況下，李奇該用什麼方法才能讓胡佛注意到自己呢？就在他束手無策時，他靈機一動，想到了一個在新聞採訪中常常會用的心理策略：對內行故意發表一些外行的錯誤看法，以此引發被採訪人反駁的興趣。

李奇他說：「正當我想要徹底放棄時，上帝保佑，我對一件事發表了一明顯錯誤的看法，而胡佛對這件事是很內行的。

「當火車行經內華達州，我望著窗外那些寂靜而淒涼的荒地和遠處煙霧彌漫的群山說：『沒想到內華達州還在用鋤頭和鏟子的人工墾殖呢！』

「聽了我的這些話，胡佛馬上接著我的話說：『近代以來，那些舊式的、毫無目的的開墾早就被先進的機械方法替代了。』就這樣，他幾乎用了整整一個小時的時間跟我聊有關墾殖的事情，他越說越高興，後來還跟我說起石油、航空、郵遞等其他幾個方面的問題。」

胡佛是當時世界上地位最顯赫的人物之一，他作為美利堅合眾國總統候選人到巴羅、阿爾托做巡迴演講。不知有多少重要的客人在他的專車裏盼望能與他交談，以引起他的注意，可他卻與從未謀面的李奇，神采飛揚地聊了將近兩個小時。李奇成功了，通過這次談話，他給胡佛留下了很深的印象。

從這裏我們可以知道，李奇能贏得這次機會，不是靠他所表現出來的聰明，與此相反，正是由於他表現了自己學識不足的一面，讓胡佛有了一個指出他錯誤的機會。在無形中，他也得到了自己想要的結果。

李奇的這個策略為何會對胡佛如此有效呢？因為人都有表現欲望，都希望別人知道他優秀的一面，一旦這個表現欲望被激發出來，他就會竭盡全力去做他認為自己很拿手的事情。

04

成功的談話要有共同的話題

我們與人交往——
應盡可能從某方面去滿足對方的需求，
並以此為前提，
同時也盡可能滿足自己的需求。

話不投機半句多。我們常有感覺與某些人談話越談越投機，而某些人談話卻三言兩語就想離開。人在社會交流中，運用得最多的就是嘴，我們要把這個利器用到極致，就要掌握好交談的技巧。除了談論對方感興趣的話題外，更重要的是讓對方也加入交談，而不是一個人在那裏獨自侃侃而談。在交談中，要注意避開對方敏感，不願觸動的話題；不要傷及對方的自尊心；更是要讓對方有發表自己見解的機會。

交流中，要對他人及他所關注的事情感興趣，不要把話題總是圍繞我我或是自己感興趣的事情上。交談是互動的，不是單向的。談話要從別人的立場出發。如果你一天之中聽到十幾遍相同的話：「今天天氣很好，是麼？」或是「你吃飯了麼？」你對問話之人會有什麼樣的想法呢？這樣的開場白顯然讓交談無法開展下去。如果真心的想與人交流，就應該真正對別人感興趣，就應該用心思尋找他人感興趣的話題。

日本作家桐田尚作曾經說過：「要建立良好的人際關係，要先多了解每一個人的家庭背景和生活環境，如此才能切入他的思想領域，和他進行更密切的溝通和良好的互動。」

平常，我們在與人交談的時候，最好選擇那些容易引起別人興趣的話題，而那些不吸引人的話題最好少談，這樣才能使交談深入下去。

每個人都有自己的情況，諸如地位、素養、身分、職務、興趣、氣質、性格、習慣、經歷等，都各不相同，因而決定了每個人選擇的話題的不同標準和需要。

老年人喜歡議論過去，年輕人偏重於憧憬未來，男人熱衷於競爭、比賽、時事等話題，婦女則對健康、美容、感情、家庭之類的話題感興趣，這些都說明了話題的選擇要根據談話對象而定。

一個話題，只有讓對方感興趣，會話才有繼續進行的可能。如果是只從自己的興趣出發，肯定會使別人感到索然無味。

美國女記者芭芭拉・華特初遇世界船王兼航空業巨頭歐納西斯時，他正與同門熱烈討論著貨運價格、航線、新的空運構想等問題，一時間芭芭拉始終插不上一句話。

在共進午餐時，芭芭拉靈機一動，趁大家討論業務中的短暫間隙，趕緊提問：「歐納西斯先生，你不僅在海運和空運方面，甚至在其他工業方面都獲得了偉大成就，這真是令人震驚。你是怎樣開始創業的？起初的第一個事業是什麼？」

這個話題馬上叩動了歐納西斯的心弦，使他撇開其他人，同芭芭拉侃侃而談，動情地回憶了自己的奮鬥史。

這就是一個好話題的威力，它激發了對方的榮譽感和成就感。一個話題如果能在某方面滿足對方，就能促使對方侃侃而談，也同時滿足談話者本身的需求。

在生活中，我們時常都會遇到陌生人，飛機上的鄰座，同一車廂上下鋪的旅客，地鐵或是公車站排在你旁邊的乘客，同乘一部電梯，同在一個屋簷下躲雨，同一考場的考生，參加同一次面試等等。常言說得好：「相逢即是有緣。」

多個朋友，多條路，朋友多了好辦事。把陌生人變成你的朋友，是一個人高超的社交能力和社交藝術的表現。當你遇到陌生人的時候，你會不會與他或她交談呢？想讓他或她對你有一種相見恨晚的感覺嗎？這就需要掌握和陌生人交談的語言技巧。有道是「擁有好口才，陌路也能成知己。」

善於找到興奮點。有的人相處了一輩子仍形同陌路人，而有的人卻能一見如故。要想讓陌路人成為知己，就要細心觀察，找到興奮點和關注點。由此，可以引出話題來。

善於尋找雙方的共同點。同陌生人交談，還要善於尋找自己同對方的共同點，這樣會使雙方產生一種相見恨晚的感覺。

交談是增進人與人之間情感的潤滑劑。敢於同陌生人交談，並善於巧找話題。就能更好地提高人際交往能力，有效地擴展人際交往的領域。這就需要一前提，就是要人量涉獵各個知識領域，擁有廣而博的知識。這樣，在和不同陌生人交往時，你就能有話可說，不至於一問三不知了。

成功談話的祕訣重要的不是交談，而是尋找共同感興趣的話題。在談話時，要學會察言觀色，抓住對方的心理狀態。如果對方情緒低落或是傷心欲絕，那就不要急於交談，而是先安撫對方或是讓對方自己一個人獨處；若是對方興高采烈、興致盎然，你大可以提出話題與之分享。

一般引入的話題可以是對方的愛好，因為人們在談到自己的愛好時總是很容易入耳，談起來也會口若懸河、津津有味。也可以尋找出雙方的共鳴點。如有相同的閱歷，相同的愛好，或是對雙方共同知悉的一些事情發表見解。在交談中掌握他人心理，做一個受人歡迎的人。

05

傾聽，才能建立更好的關係

如果一個人說得太多，
別人說話的時間就少了，
你就無法知道什麼對他是重要的，
贏得他人好感的辦法是——
自己少說、引導他人多說，
才能激發別人與你互動的興趣，
才能與之建立良好的關係。

某公司的總裁，當他試著鼓勵員工積極主動參與會議討論時，他發現沒有多大效果。於是，他在會議上做了錄音，會後，他仔仔細細地聽了一遍重播錄音，他驚訝地發現問題就在自己身上。例如，當提出一個問題進行討論時，自己首先就說：「你怎麼想的？我是這麼想的……」這樣就把討論集中到他自己的觀點上了。錄音幫助他發現了矛盾，解決了問題。此後，他說得少了，員工們自然說得多了，他獲知的資訊也就多了。

你是否注意過自己：與人交談時，別人說話的時間與你說話的時間各佔多大比例？仔細留意一段時間，你會發現，自己談話所佔用的時間遠遠超出自己的想像。

一位記者在重播他的錄音採訪時，驚訝地發現，在整個採訪過程中，他佔用了大部分的時間來談他自己，他的能力，他的成就，他的興趣。他找出了他的很多採訪毫無用處的原因。

但到底要如何引別人多說呢？

「設問」是一大祕訣。使原本沒有疑問而自提自問，是明知故問。設問用得好，能引人注意，誘人思考，把談話內容變得更加吸引人。

「設問」是溝通過程中一大利器，是接近那些難以接近的人的最好辦法。如果你想在你的生活與工作中，與需要建立關係但又很難相處的人交往，你可巧妙地設問，讓他們多多談論自己。要知道，人們在談論自己的時候，總是高興的、投入的，只要他們高興了，便容易與你形成互動。

日本推銷大王原一平前去拜訪建築業的董事長渡邊先生。可是渡邊並不想理他，一見面就給他下了逐客令。原一平並沒有退縮，而是：「渡邊先生，咱們的年齡差不多，但您為什麼能如此成功呢？您能告訴我嗎？」

原一平在提這個問題時，語氣非常誠懇，臉上表現出來的跟他心裏想的一樣，就是希望向渡邊先生學習到其成功的經驗。面對原一平的求知渴求，渡邊不好意思回絕他。於是，他就請原一平坐在自己座位的對面，把自己的經歷開始向他講述。沒想到，這一聊就是三個小時，而原一平始終在認真地聽著，並在適當時候提了一些問題，以示請教。

最後，渡邊的建築公司裏的所有保險，都在原一平那裏下單了。

明知故問也不是瞎問，你要問那些讓對方感興趣的、引以為豪的問題。比如他輝煌的業績、成功的經驗，他目前最關心的問題以及他最感興趣的問題等。巧妙提問是溝通的最好武器，我們要掌握好這個武器，在溝通中就會遊刃有餘了。

06

笨蛋才會用完美來包裝自己

如果你是一個強者，
請不要過於「包裝」自己的完美；
恰當地「示弱」，
適度地暴露一點「瑕疵」，
反而會贏得更多的友誼。

一般人都有不願讓別人看出自己的不足，因此「我不懂」這個字很難說出。其實，如果你勇敢地承認自己不知道，反而可以增加別人對你的信任，因為坦誠地說出「我不懂」，會給人留下誠實的印象。再則其勇氣也是令人佩服的。如果敢於承認自己有不懂的人說出的話，別人就會認為一定是可信才會說，因此對他也就會更信任。

在交往中，將自己的缺點明白表示出來，也往往會得到別人的信任。因為一般人都是想方設法掩飾自己的缺點，所以如果有人有意暴露自己的缺點而會讓別人覺得他誠實，從而對他產生信任感。

當然，暴露自己的缺點，最好適當透露一些無關緊要的缺點，這樣才不至於讓別人對你宣判「死刑」。

某傢俱公司一個非常能幹的員工，平時工作一絲不苟，為公司贏得了很多的客戶，獲得了巨大的利潤。然而，他並不是一個受人喜歡的人，同事們都稱他為「機器人」，他不以為然。直到有一天，他聽到老闆與人聊天時也說他是「機器人」，他困惑了。他不理解，為什麼別人都那樣對待他。於是，苦悶的他獨自到酒吧喝得酩酊大醉。

第二天，當他睡醒時，卻發現自己一直睡在公司櫥窗裏的沙發上，路過的人們都在用異樣的目光打量他。他以為老闆會因此而責怪他，同事會笑話他，他甚至做好了辭職的準備。然而，老闆不但沒有責備他，反而對他大加讚賞，同事們也從此開始對他笑臉相迎。他不知道，他的無心之過反倒幫助了他，使他在人們心目中的形象豐滿起來，變成了有血有肉的人了。

這種現象在心理學上被稱為「犯錯誤效應」，也叫「白璧微瑕」效應，即小小的錯誤反而會使人際的吸引力提高。

因為一個能力非凡的人，給人的感覺是不安全的、不真實的，人們對於這樣的形象不是真正地接納和喜歡，而是持有距離的敬而遠之或敬而仰之。

在通常情況下，人們喜歡有才能的人，才能的多少與被喜歡程度是成正比的。但是，如果一個人的能力過強，過於突出自己，強到足以使對方感到自己的卑微、無能和價值受損，事情就會向相反的方向發展。人首先是進行自我價值保護的，任何一個人，無論如何不可能去選擇一個總是提醒自己無能和低劣的對象來喜歡。相反，一個犯了小錯誤的能力強的人則反而降低了這種壓力；縮小了雙方的心理距離，維護他人的自尊，因而也贏得了更多人的喜愛。

07

能馬上叫出對方的名字，你就贏了

記住一點，人最關注的是自己，
當你能夠記住他人的姓名，
你就會使對方感到自己受到了重視，
從而贏得對方的好感。
用心記住他人的姓名，
也是成功人士常用的一種手段。

每個人都對自己的名字都會重視——因為那是與每一個人的自尊心有著非同尋常的密切關係的東西——表示自己獲得他人的重視。

有許多工商界的領袖都明白，知道自己數百乃至上千個下屬的名字，以便隨時都能叫出他們的名字來和他們交談，這是極其必要也是行之有效的一種贏家策略。

這種策略的效力，可以從卡爾莫斯被挖角這件事中很明顯地看出來。羅伊・蔡平與霍華德・科芬一起合作，共同成立了一家湯姆斯・第特羅汽車公司，他們決定邀請卡爾莫斯前來加盟，但是當時卡爾莫斯在國家銀器公司已經有年薪七萬美元的高收入，所以他拒絕了一切優厚條件，但是後來，當汽車公司答應以他的名字作為公司的名字，表示對他的尊敬之意時，這一條件的誘惑是如此之大，以至於他再也無法拒絕了。於是這家公司最終如願以償，並將該公司更名為卡爾莫斯・第托斯汽車公司，卡爾莫斯也欣然放棄了他原有的報酬豐厚的工作。

美國總統羅斯福就知道這種最簡單、最明顯、最重要的獲得他人好感的方法，那就是記住他人的姓名，使他人感覺到自己很重要——因為總統都記得我。

羅斯福還沒有被選為總統時，去參加一個盛大的宴會，當時他剛從非洲回來參加競選，席間坐著許多他不認識的人。但這些都是有身分和地位的人，在自己的競選過程中肯定需要他們的幫忙，如何讓宴會上的這些人成為自己的好朋友呢？

羅斯福找到了一個他熟悉的記者，從他那裏了解到這些陌生人的名字以及他們的一些情況。然後他從容地走到這些陌生人旁邊，主動地叫出他們的名字，談了一些他們感興趣的事情，此舉大獲成功。那些本來就對羅斯福有敬仰之心的人，見他連自己的名字都喊的出來，頓時受寵若驚，很快地成為他的朋友，並成為他後來競選時的支持者。

記住他人名字的重要性，不僅表現在政治上，在生意場上，也是十分重要的，美國著名的鋼鐵大王安德魯・卡耐基就深深懂得這一點，他本人並非是鋼鐵方面的專家，但他卻能夠統帥眾多的鋼鐵專家，這與他熟記他人的名字並靈活應用他人的名字有關。

卡耐基的中央運輸公司與普爾門所經營的公司，為了要爭取聯合太平洋鐵路臥車經營權。為此，他們互相排擠、競價損傷獲利的機會，有一天晚上，卡耐基在聖尼古拉旅館遇到了普爾門，他說：「晚安，普爾門先生！我們兩個不是在作弄自己嗎？」

「你什麼意思？」普爾門問道。

於是，卡耐基說出了他心中的想法——將他們雙方的利益合併起來。他用鮮明的詞語，敘述互相合作而非競爭的彼此利益，普爾門注意傾聽，但未完全相信。最後他問道：「這新公司你將叫做什麼？」

卡耐基立即回答：「當然是普爾門皇宮臥車公司！」

普爾門的面孔發起光來，「到我房間裏來！」他高興地加了一句，「我們來詳細談談。」

那次談話，創造了實業界的奇蹟，兩大死對頭的企業鉅子居然合作了。

能記住五萬人名字並靠記住他人名字成功的吉姆（吉姆・法利從來沒有上過中學，可是在他46歲時卻獲得了學位，成為國家民主委員會主席和美國郵電部長），在早年就發覺普通人對自己的名字最感興趣，記住他人名字並十分容易地呼出，你便是對他有了巧妙而很有效的讚美，但是如果你忘記了或是記錯了他人的名字，就會置你於極為不利的境地。

很多商界精英認為，最必要又有效的策略莫過於知道自己眾多下屬的名字，能夠隨時叫出下屬的名字，並能與他們順利交談。

有謀略的人經常會用各種方法，來表示自己對他人所重視的東西的尊敬。人最重視的就是自己，所以我們想與他人友好相處，就要重視對方，記住他的名字。

08

一個人氣度不是用說的，而是用做的

真正偉大或成功的大人物，
雖說高不可攀，無緣相識；
可一旦你遇上了，
卻會如沐春風，
感受到對方的謙和與平易近人。

京劇大師梅蘭芳不僅在京劇藝術上有很深的造詣，而且還是丹青妙手。他拜名畫家齊白石為師，虛心求教，總是執弟子之禮，經常為白石老人磨墨鋪紙，全不因為自己是名演員而自傲。

有一次，齊白石和梅蘭芳到同一家人家做客，白石老人先到，他布衣布鞋，其他賓朋皆社會名流或西裝革履或長袍馬褂，齊白石顯得有些寒酸，不引人注意。不久，梅蘭芳到，主人高興相迎，其餘賓客也都蜂擁而上，一一同他握手。可梅蘭芳知道齊白石也來赴宴，便四下環顧，尋找老師。忽然，他看到了冷落在一旁的白石老人，就讓開別人一隻隻伸過來的手，擠出人群向畫家恭恭敬敬地叫了一聲「老師」以向他致意問安。在座的人見狀很驚訝，齊白石深受感動，幾天後特向梅蘭芳饋贈《雪中送炭圖》並題詩道：

記得前朝享太平，
布衣尊貴動公卿。
如今淪落長安市，
幸有梅郎識姓名。

真正的大師向來都是無比謙遜的。即便面對他人的挑釁，他們也會淡然處之，絕不會衝動地和別人一爭高下。

無論你自己的知識多麼豐富，口才多麼犀利，能力多麼卓然出眾，都應該時刻以謙恭的態度嚴格約束自己，尊重他人也是尊重自己。這樣，才能獲得很好的人緣，得到別人的尊重。

愉悅他人是最偉大的藝術，也是人們最應學習的藝術。其實要做到這一點並不難，只要你尊重他人，在小事上滿足他人的需求，就會得到感激不盡的回報。

09

每天都在幫助他人，卻不得人緣？

樂於助人是美德，
但是在幫助別人的時候，
可不能魯莽、不能隨便，
要講究方式，要委婉而巧妙；
講究「度」，不輕給、不濫給。
這樣，既可以維護別人的自尊心，
也可以給對方一種強烈的刺激，
使他對你心存感激。

公司的小劉是天生的交際人才，他喜歡與人交往。總愛到別的部門轉轉，沒多久，就與全公司的人都熟悉了。他待人熱情，樂於助人。遇到辦公室的同事有困難，他總是自告奮勇，常常還沒等別人張口請他幫忙，就說：「小事一樁，我替你擺平！」

在幫助對方的時候，如果傷害了對方的自尊心，對方也不會領情。這就是為什麼那些受過小劉太多恩惠的同事，內心反而不喜歡他。小劉給予同事幫助太多，但是不注意方式，雖然自己覺得做得很好，卻在無形中傷害了同事的「自尊心」。

人們通常認為，經常給別人一些殷勤的關心與幫助，肯定會贏得別人的好感。但這種想法並不完全對。適當的幫助對彼此雙方都是有好處的。可是，如果對別人的幫助太過頭了，使別人覺得自己軟弱無能，引發了他的自卑感，就會導致他以為自己沒出息而苦惱。如果這種苦惱對他觸動太深，他就會把這種苦惱的原因歸結於讓他陷入這種處境的人，即幫助他的人身上，以「怨」報德，而對幫助他的人心存芥蒂。

小劉一味地充好漢，做事太主動太張揚，還沒等別人提出請求，就說「小事一樁，我替你擺平！」自然可能幫了人卻遭人記恨。同事心裏也許會想「你有什麼了不起？」「我根本不需要你幫忙！」

同時小劉在接受別人的恩惠時太隨意。要知道，接受他人的幫助應適當，也應講究一個「度」。如果對別人的幫助，我們一概拒絕，則不利於拉近彼此的距離。適時地接受他人的幫助，可以讓他人有一種施惠於人的滿足感與成就感。

總之，不論是幫助別人，還是接受別人的幫助，都需要把握一個界限，注意自己的態度。只有這樣，你提供幫助才會得到別人的感激，你接受幫助才會贏得人的好感。

工作與生活中，一個人肯定會遇到各種各樣的困難，在同事遇到困難時幫他，等於播下人情，會得到同事的感激，還為彼此的關係抹上蜂蜜，幫助別人搬開腳下的絆腳石，有時也是為自己鋪路——幫助他人等於幫助自己。

但是別人有困難的時候幫助他，切不可以以此作為人情記在心頭，也不要沾沾自喜，自鳴得意，時常將對別人的幫助掛在嘴邊。對於這種人的幫助誰都不會領情，也不要期望對方給你回報，否則不但加深不了感情，反而落得個吃力不討好。

10

低調，是成功人士的一種特質

功成名就更要保持平常心，
低調做事是成功人士的一種風格，
也是一種高境界的涵養。
做人不要恃才傲物；
當你取得成績時，
你要感謝他人、與人分享。
這樣你才會擁有真正的友誼。

大度睿智的低調做人，比橫眉冷對的高高在上，更有助於問題的解決。簡樸是低調做人的根本：也許你已腰纏萬貫，但是還是應該在生活上低調一些些，這不僅有助於自身的品德修煉，而且也能贏得他人的交口讚譽，同時也不會給自己帶來麻煩。

做人要圓融通達，不要鋒芒畢露。功成名就需要一種謙遜的態度，自在名利場中做看客，不要暴露自己真實的意圖，要學會開拓廣闊心境。不要太把自己當回事。也許你有自以為是的一面，那麼你必須隱藏起自滿心理，才能不斷地充實、完善自己，締造完善人生。

謙遜是終生受益的美德：一個懂得謙遜的人，是一個真正懂得積蓄力量的人，謙遜能夠避免給別人造成太張揚的印象，這樣的印象恰好能夠使一個人在生活、做事中不斷積累經驗與能力，最後達到成功。成大事者能夠隱忍，高調做事，低調做人。

深藏不露，是智謀。過分的張揚自己，就會經受更多的風吹雨打，一個人在社會上，如果不合時宜地過分張揚、不管多麼優秀，都難免會遭到明槍暗箭的打擊和攻擊。

出頭的椽子易腐爛。時常有人稍有名氣就到處揚揚得意地自誇，喜歡被奉承，最後吃虧的總是多數。所以在處於被動境地時一定要學會藏鋒斂跡、不可賣乖，千萬不要把自己變成他人的靶子。

做人不能太精明：不要耍小聰明，不要過分地展示出自己的精明能幹，要懂得在「低調」的心態支配下，兢兢業業，才能做成大事業。

處世中，一定不要和盤托出全部實情，因為吐露真言有如從心臟放血。衝動是魔鬼，最實用的技巧在於掩飾。並非什麼真相都可以坦白，亮出自己底牌的人可能會輸掉牌局。

涉世之初的年輕人往往個性張揚，率性而為，不會委曲求全，結果處處碰壁。而涉世漸深後，就知道了輕重，分清了主次，學會了少出風頭，不爭閒氣，專心做事。保持生命的低姿態，避開無謂的爭鬥，繞開意外的傷害，才能更好地保全自己，發展自己，成就自己。

要知道，當堅硬的牙齒脫落時，柔軟的舌頭還在。柔弱勝過堅硬，勝過有為。我們應學會在適當的時候保持適當的低姿態，這絕不是懦弱和畏縮，而是一種聰明的處世之道，是人生的大智慧、大境界。

千萬不要讓鋒芒在別人的眼前晃動。人生好比一場戰鬥，要學會隱藏自己適當的時候再出擊，使自己得以保全，使自己能夠運籌帷幄。

富蘭克林也是這樣。二十五歲時，他創立了費城圖書館，後來又建成了一個學院（即今天的賓夕法尼亞大學）。可是，他總是避免在這兩項事業中「出面」。他用朋友的名義為喜歡讀書的人創立圖書館；建立學院之時，他也隱瞞自己創始人的身分，而歸功於一些熱心於公益事業的紳士。

富蘭克林這樣說道：「當你提議一件於人類有益的事業時，不應老是表現自己。如果這樣，人們就會很自然地以為你是個貪圖名利之人，也使一些人心裏不痛快，而正是這些人將決定著你的事業……總而言之，犧牲自己一時的虛榮心，日後也能得到更多的補償。」

聰明人處理問題總是以事業為根本出發點，並不看重個人的得失。

偉大的鐵路建築家哈里曼病逝前，沙納西在其身邊陪伴，在談到這件事時，沙納西說：「我感覺……他有一種偉大的力量，使得那些接觸過他的人都十分忠誠於他。他能具備這種力量，是因為他能慧眼識人，還能使他身邊的人對他懷有一種深深的信仰，堅信他不為私利而為大眾謀幸福志向，那是一種比任何人的志向都博大高遠的志向。」

第三章

讓人無法說「不」的技巧

01

漫天要價，取得真經

在向別人提出自己真正要求之前，
先向別人提出一個較大要求，
待別人拒絕之後，
再提出自己真正想要的要求。
這樣一來，
別人答應的可能性就會增大了。

小孩想養隻寵物貓，但是考慮到家裏可能不同意，於是就對爸爸媽媽說：「我好寂寞呀，沒人陪我玩，給我生個小弟弟吧，好不好……」小孩可憐巴巴地哀求著爸媽，看到爸媽否定的表情（其實，心裏早就知道），裝作委屈地說：「不然的話，就給我買隻小貓咪吧。」

於是，小貓咪就來了。

妻子在逛百貨公司的時候，看到了一件標價五千元的裙子很漂亮，想讓老公給自己買，但是考慮到老公可能不同意，於是，就對他說：「老公，我們好久沒出去旅遊了，最近好煩啊，不如我們去歐洲玩一趟吧，希臘、巴黎、倫敦……」

妻子看到丈夫面有難色——裝作沒聽見般地繼續看報紙（意料之中），故作生氣地說：「要不然，就給我買條裙子吧。」

於是，那件早就看中的裙子，被買回來了。

這就是利用了人本性中固有的對比心。父母覺得與其再生個孩子，不如買個小貓咪更能讓他們接受。丈夫覺得與其歐洲遊，還不如買條裙子吧。

這種本想要讓人答應自己的小要求，卻先提出大要求的心理現象，就是利用了人的對比心。

我們想向一個朋友借錢，如果想要借一萬塊，我們不妨獅子大開口，先對他說，需要借十萬塊錢。大多數情況他會面露難色，吱唔說自己這段時間也不方便、不寬裕，一時拿不出這麼多來，那我們就可以利用他的比較心，開口說：「那麼幫我湊個一萬塊吧！」

此時，在他心中，已經有了比較，從十萬塊下降到一萬塊，感覺上好多了，貌似自己佔了便宜，而且已經拒絕了十萬塊的要求，心裏有了一定的內疚感，如果一萬塊都不借給對方，也太說不過去了。

於是，一萬塊的預期目標實現了。

當然，開口也要了解對方的實力，只有二萬塊能耐的人，你一開口就二十萬，屆時你連二千塊都會借不到……

02

感人心者，莫先於情

動之以情，曉之以理。
以情為先是進入對方內心世界的最好鑰匙，
情才能實現心靈的交融，
情才能使對方心悅誠服。
對他人表現情真意切，關懷體貼，
別人就比較容易接受你的觀點。
如果你公事公辦、言語冰冷，
往往會激起對方的反抗情緒。

如果在辦事情時能夠巧妙地運用感情技巧，動之以情、曉之以理，就能夠征服對方，使對方成為情感的「俘虜」，能夠達到事半功倍的效果。

韓信年輕的時候，家境貧寒，還耍狠鬥勇、不學好，經常到別人家裏混飯吃，是一個不受歡迎的市井無賴。他在南昌亭長家中混了好幾個月的飯，亭長的老婆心裏很不高興，但是卻不好意思當面給他難堪，最後他們採取了一個方法讓韓信知難而退。他們以後就餐餐提早開飯，等韓信到來時他們都已經吃飽了。韓信便明白了亭長家的意思，再也沒辦法去白吃白喝了。

從此，就像一隻流浪狗到處覓食，過著饑一頓飽一頓的生活。有一天，韓信沒有吃到飯，就在淮陽河下的的小河邊釣魚，當時有很多婦女在河邊洗衣，其中一位洗衣婦看到韓信面黃肌瘦，好像很久沒有吃飯的樣子，便主動把自己帶來的飯食讓給韓信吃。

一餐又一餐，充滿恩情的飯食，就這樣一連十多天，天天如此，讓韓信十分感動又感激。於是，便對洗衣婦說：「我將來一定要好好報答。」有人感恩，應該感到欣慰才對，想不到，這位婦女竟然以平淡的口吻說：「男子漢大丈夫應當自食其力，我是可憐你，才給你飯吃，並不希望得到什麼回報。」韓信覺得恩重如山，洗衣婦卻認為，這不過是件不值得一提的小事；

儘管碰了一鼻子的灰，等於是被訓了一頓，但這番在憐憫中帶著或許是鄙視、或許是激勵的話，應當對他具有相當程度的刺激作用。

後來，當韓信功成名就之後，並沒有忘記當年這位洗衣婦的恩德，而是重重地回謝這位恩人。

韓信在落魄潦倒的人生路途之中，卻能有如此好的機遇，這種情義無價的感受，恐怕最是難得珍貴！故事中的洗衣婦，真誠的幫助讓人在感謝之外，多了一份感動。

或許，正由於這份感動，才具有無意間激勵韓信的足夠動力，這對受助者而言，才是最為正面的效果。古人云：「感人心者，莫先於情。」

要使他人心悅誠服，很大程度上需要感情的觸動和征服。感情是溝通的橋樑，必須要建造這樣一座橋樑，否則無法打開別人內心的堡壘。要以情動人，以理服人，這樣才能讓別人心服口服。

03

步步為營，得寸進尺

得寸進尺的效應，是說一個人一旦接受了一個小要求後，如果在此基礎上再提出更高一點兒的要求，那麼這個人就傾向於接受這個更高的要求。這樣依次地對他逐步提高要求，可以有效地達到我們預期的目的。

美國社會心理學家弗里德曼與弗雷瑟做過這樣一個實驗：他們讓自己的助手到兩個普通的住宅社區勸說人們在房前豎一塊寫有「小心駕駛」的大字標語木牌。

在第一個住宅區，他們直接向人們提出這個要求，結果遭到很多居民的拒絕，接受的人還不到二成。

而在第二個住宅區，他們先請求眾居民在一份贊成安全行駛的請願書上簽字，這是很容易做到的小小要求，幾乎所有的被要求者都照辦了。他們在幾週後再向這些居民提出在自家房前豎立「小心駕駛」標語木牌的要求，這次接受的竟達到了六成。

為什麼同樣都是豎牌的要求，卻會有如此截然不同的結果呢？

這是因為當你對別人提出一個貌似「微不足道」的要求時，對方往往很難拒絕，否則，似乎顯得「不近人情」。

而一旦接受了這個要求，就彷彿跨進了一道心理上的門檻，很難有抽身後退的可能。當再次向他們提出一個更高的要求時，這個要求就和前一個要求有了繼承關係，讓這些人容易順理成章地接受。這種情況下，比一下子就提出要求，要更容易接受。

向人們提出一個微不足道的小要求時，人們很難拒絕，否則就太不通人情了（先進門檻再逐步登高，得寸就步步進尺）。為了留下前後一致的印象，人們就容易接受更高的要求。

在中學時代，一個男生喜歡上了一個女生，就會找機會向她靠近，先說「我的橡皮擦丟了，你的橡皮擦能借我用一下嗎？」對於這樣一個簡單的小要求，通常女生都不會拒絕，也不好意思拒絕，沒理由拒絕。於是，一塊橡皮擦引發的故事拉開帷幕。過不了多久，男生又說「這道題我不是很理解，你能幫我講解一下嗎？」之後呢？「剛好順路，我送你回家吧？」……當然，他們就成一對朋友了。

當我們要提出一個比較大的要求時，可以不直接提出你真正想要的，因為這很容易被拒絕。我們可以先提出一個較小的，一旦被答應了，再提出那個較大的，如此比較會有被接受的可能。

04

人類無法擺脫欲望的魔咒

無論是偉大領袖，
還是聖賢哲士、凡夫俗子，
每個人都有弱點，
這些弱點都可以被人巧加利用。
只要你掌握了對方的弱點而加以利用；
一切事情都將得心應手，稱心如意。

周文王在渭水北岸見到了正在釣魚的姜太公，太公說，用人辦事的道理和釣魚有點相似之處：一是祿等以權，即用厚祿聘人與用誘餌釣魚一樣；二是死等以權，即用重賞收買，死士與用香餌釣魚一樣；即用不同的官職，封賞不同的人才，就像用不同的釣餌，釣取不同的魚一樣。

姜太公接著說：「釣絲細微，餌食可見時，小魚就會來吃，餌食味香時，中魚就會來吃；餌食豐富時，大魚就會來吃。魚貪吃餌，就會被釣絲牽住；人食君祿，就會服從君主。所以，用餌釣魚時，魚就被捕殺；用爵祿收羅人時，人就會盡力辦事。」

一個人有特殊的欲望，這個特殊的欲望，就是他特有的弱點，你抓住了他的弱點，並滿足了他的欲望，他就樂於效力。利用人們心中真正的欲望去制約他，讓他為自己辦事，就沒有不成功的。

我們在與人共事時，應該掌握人們的共同心理，抓住對方的心理弱點集中攻取一點，在對方最需要的地方下手，這樣對方就會乖乖就範，從而成功達到自己的目的。

假如我們想讓他人做我們想讓他做的事，就應該預先刺激一下他的欲望，以達到我們的目的。

拿破崙就是能熟練使用這一策略的大師。面對那些衣衫襤褸、饑腸轆轆的士兵，他抓住士兵們對衣食的迫切需要，開始鼓勵他們：「兄弟們，現在，你們無疑是在衣不蔽體、食不果腹中過活的。我將把你們帶到世界上最富足的地方去，在那兒，你們可以看到繁華的都市和富饒的鄉村……」

在佔領米蘭之後，他又改變了說法。這時，他不再在士兵們的食欲上，而是在他們的「自尊心」上下工夫。拿破崙用熱烈而優美的詞句讚美他的士兵是「歷史的創造者、家鄉的英雄！」還說：「待你們榮歸故里時，你的鄰居會熱情地指著你們說：他曾經服役於那偉大英勇的軍隊！」

就這樣，士兵們在拿破崙極具誘惑性的鼓動下，就像被施了魅惑的魔咒一般，過關斬將、奮勇沙場。

與其說，拿破崙驍勇善戰，不如說他是心理學大師，他深刻的了解到，只要是人類就無法擺脫欲望的魔咒！

05

鳥籠效應

在日常生活中，
我們在擁有了一件新的東西之後，
總是傾向於不斷地配置與之相應的物件，
以期達到心理上的平衡。
生活中的這種「鳥籠效應」處處可見。

著名的心理學家詹姆斯和好友物理學家卡爾森，從哈佛大學同時退休，在家過著田園悠閒的快樂生活。

有一天，兩人打賭。詹姆斯說：「我一定會讓你，不久就會養上一隻鳥的。」卡爾森不以為然，倔強地說：「我才不信，因為我從來就沒有想過要養一隻鳥。」過了幾天，卡爾森生日，詹姆斯送上了他的祝賀禮物——一隻精緻的鳥籠。卡爾森一眼就看穿了詹姆斯的企圖，輕笑著說：「我就只當它是一件漂亮的工藝品，你別費勁了。」

從此以後，只要有客人來訪，看見那個空蕩蕩的美麗鳥籠，幾乎都會問：「教授，你養的鳥怎麼死了？」

卡爾森只好一次又一次地解釋說：「我從來就沒有養過鳥。」然而，這種回答每次換來的都是客人困惑不解、不相信的表情。

無奈之下，卡爾森教授只好買了一隻鳥。

這個鳥籠的主人長期對著這個空空的籠子不感到彆扭，但是來訪的客人總會驚訝地問這個空鳥籠是怎麼一回事，奇怪地看它和它的主人。時間長了，這個主人就會忍受不了解釋的麻煩，和射來的奇異目光。鳥籠會給人造成一種心理上的壓力，使他主動買來一隻鳥與籠子相配套。

有人送了一塊勞力士金錶，如果要戴上，就要配以相應的襯衫、西褲、外套、皮帶、皮鞋、領帶，皮夾子也要換成真皮的，然後眼鏡也要換金邊的。然後髮型也要打理，吃飯也必須出入更高級的餐館，開銷越來越大。人們買到一套新住宅，總要大肆裝潢一番，鋪上大理石或木地板，配紅木等傢俱。而出入這樣的住宅，自然要有「拿得出手」的衣飾……

有一個女孩子挺懶，平時不注意整理房間，隨手用完東西隨手扔，整個屋子總是亂七八糟。她的男友苦勸無益。

一天，這個男孩送給她一束非常漂亮的鮮花，女孩見了，特別高興，就千找萬找地搜出來了一隻晶瑩剔透的水晶花瓶，來插花。

可是沒多久，女孩就發現，花很漂亮，花瓶也美，可是放花瓶的桌子上雜七雜八地散放著許多雜誌、報刊、小玩意兒。於是，她開始整理這些雜物，該扔掉的扔掉，該放在架上的擺放在架子上。然後呢，就是沙發、書桌、地板、床上都開始整理得井井有條。房間內看著讓人賞心悅目了，洗手間和廚房不能太邋遢了吧。於是整個家都被收拾得整潔一塵不染。

生活中，我們大可以用這種連鎖反應，給他一隻鳥籠，來迫使他人做我們希望他做的事情。

06

領頭羊效應

在羊群中，只要有一隻領頭羊在前面，
那麼整個羊群就會不斷地模仿它。
這就是「羊群效應」。
所以，我們想要控制整個羊群，
不用費太大的力氣去套牢每隻羊，
我們要做的就只是驅趕領頭的那隻羊。

羊群是一種很鬆散的動物組織，平時一群羊在一起，也就是盲目地左衝右撞。但是只要有一隻羊動起來，它身邊的羊就迅速地動起來，產生連帶反應，整個羊群都會不假思索地跟著動起來，全然不顧前面可能有狼或者這附近明明有更好的草原。

法國科學家讓亨利・法布林曾經做過一個毛毛蟲實驗。他把幾條毛毛蟲放在一隻花盆的邊緣，使它們首尾相接，連成一圈。在花盆的不遠處，撒了一些毛毛蟲平時最喜歡吃的松葉。

結果，第一隻毛毛蟲開始動起來，它沿著花盆往前走，它後面的那隻也開始跟著它的屁股往前走，緊接著，第三隻，第四隻，第五隻……這幾條毛毛蟲都採取同樣的動作，跟著它前面的那隻走。這一走就是七天七夜，饑餓勞累的毛毛蟲盡數死去……

動物界如此，在人類的許多組織群體中，也是這般。

從大的方面來說，在這個世界上，存在著許多組織嚴密，有著共同信仰和利益追求的群體。在這種群體（或者說團體、組織）中，總是存在著一個舉足輕重的領袖，他是整個群體的象徵和代表，群體內的每一個成員都嚴格聽從他的命令和指示，或者說教導、導引。

以目前的社會型態，這樣的群體很多，像一些政黨組織、宗教組織、人權組織、和平組織、幫派團體等。

自古以來，讓這些群體為自己效力的最好方法，就是和他們的領袖達成某種協議，或者利用其領袖，甚至控制其領袖。有時，消滅一個領頭的人物，就能讓整個群體遭受重創而分崩離析。

我們在辦事時，或在人際關係的運作上，只要恰到好處地運用領頭羊效應，就可以達到四兩撥千斤的功效。

07

人同此心的同理心

同情心是人類共有的弱點。
人往往對比自己強的人有戒心或競爭心，
而對境遇不如自己的人，
卻不可避免地心懷同情，
對他們比較沒有戒備、防備，
而且容易被他們打動，滿足對方的需求。

很多時候人們示弱並不是因為真的軟弱，而是為了以此來激發別人的關心與同情，進而得到人們的幫助，它是人們爭取利益的一種謀略，也是一種接近他人的最好做法。

某些歌星或演員為了提高自己的知名度，擴大影響，也往往利用這種伎倆，進行炒作宣傳。因此，想要成為明日之星，必備的條件當然很多，其中之一便是用艱苦的歷程博取人們的同情心。

女性職員在公司最常使用弱者的攻勢。當她失職，遭到批評時，哭泣就是武器，你無法同一個悲傷、哭泣的人較量。想想你自己在這方面的經歷，當你和父母談一個什麼問題時，你立場正確，理由充足，所有的有利因素都歸於你，突然間，他們的眼眶湧出了淚水，一顆顆淚向下滑落。你會有什麼反應？你絕不會想：要繼續將之逼到死巷胡同。大多數人都開始退卻，說：「算了，算了，別哭了，我按照你的意思做就是了。」

請求他人解決問題時，應該調動聽者的同情心，使聽者首先從感情上走近，產生共鳴。這就為你問題的解決打下了基礎。人心都是肉長的，將受害的情況和你內心的痛苦如實地說出來，處理者是會動心的。

示弱能使處境不如自己的人保持心態平衡，善於選擇示弱的內容是非常重要的。地位高的人在地位低的人面前不妨展示自己的奮鬥過程，表明自己其實是個凡人。成功者在別人面前多說自己失敗的經歷，現實的煩惱，給人一種成功不易的感覺。

示弱不應該只表現在嘴上，有時還要表現在行動上。自己在事業上於有利地位，獲得了一定的成功，在面對某些小利益的時候，即使有條件和別人競爭，也要儘量迴避、退讓。也就是說，平時小名小利淡薄些，謙讓些，因為你的成功已經成了某些人嫉妒的目標，不可為一點兒微名小利而惹火燒身，應當分出一部分名利給那些時運不濟的人。

街上的那些乞丐，不管是真的乞丐還是假的乞丐，都把自己弄成一副可憐兮兮的模樣兒，不是缺隻胳膊就是斷條腿，要不就是雙目失明，反正是能說多可憐就多可憐，似乎世上所有倒楣的事都被他碰上了，他才來當乞丐。很多時候，大家都知道他可能是在編故事，但是就是沒辦法漠視。乞丐就是因為善於抓住人的同情心，從而能靠乞討而生存下去。

所以，當我們在需要他人幫助時，不妨思考一下，以什麼方式來激發對方的同情心，才能達成目的。

08

理性思考的邏輯

看到人的表面就相信他，
或是看到事情的表面就驟下結論，
這些都是思維太過單純、頭腦太過簡單的人。
我們應該及早脫離這種直線式的思考，
懂得如何看透各種事物的本質，
就能看見一個人內心深層的東西。

春秋時期，晉國大夫伯宗，有一天上完早朝之後，踩著輕快的腳步，一路上哼著歌回到家裏。他老婆眼看丈夫喜形於色，便問他說：「什麼事讓你的心情這麼好？」

伯宗說：「今天我在朝上發表了一些議論，結果博得滿堂彩，大家都稱讚我的智慧與謀略，不在前朝太傅陽處父之下。」

妻子聽完，不由臉色一沉，說：「唉，陽處父這個人虛有其表，就靠一張嘴，學問不怎樣，卻喜歡表現，難怪後來會被刺殺。我不明白，人家說你像他，有什麼值得高興的呢？」

被自家老婆澆了一盆冷水的伯宗，當然不承認自己虛有其表，就又急著補充當時被稱讚時的詳細情形，而且說得口沫橫飛，生怕漏掉任何一個足以證明自己光彩的細節。

他老婆聽得有些不耐煩了，就乾脆直接對他說：「朝臣之間各懷鬼胎，因此，你不要對別人的稱讚太過認真。何況，現在的朝政混亂，老百姓的不滿已經積蓄很久了，何況你出了那麼多的餿主意，我想一定會惹禍上身。依我看，現在最要緊的事，莫過於為咱們家兒子安排好必要的侍衛，以保障他的生命安全。」

後來，伯宗果然在政界鬥爭中被其他大臣圍攻殺害，兒子則在衛士畢陽的護衛之下，逃到了楚國避難。

人的內心和他們的面貌一樣，存在千差萬別。人的內心比險峻的高山和深邃的江河還危險，人的思想比天還難以捉摸。人們不常這樣說嗎？真正的聰明人看起來都像是愚笨的樣子，這樣做的目的是為了麻痹他人。所以，看人務必看透他行為表面下所掩蓋的深層次的東西，只有這樣，為人處世才能平安無事。

生活中我們也要用理性的思維去思考問題，不要僅僅從人的表面態度來考慮事情，而要從多個角度去看清人的本質。這樣才會使我們的判斷準確。

09

人性金石術

權力、功名、金錢、美色……
歷來都是人心的試金石。
有的人在有利可圖或對其利益無損時，
可以與你稱兄道弟、親密無間！
一旦利益受損時，就馬上變臉，見利忘義，
唯利是圖，原形畢露，讓你防不勝防。

有一個王子養了幾隻猴子，訓練牠們跳舞，並給牠們穿上華麗的衣服，戴上人臉的面具，當牠們跳起舞來時，逼真精彩得像人在跳舞一樣。

有一天，王子讓這些猴子跳舞，供朝臣們觀賞，猴子的精彩演出獲得滿堂的掌聲；可是等到有人把堅果端出來時，這些猴子看到堅果，紛紛揭掉面具，跳下舞臺，搶食堅果，結果一場精彩的猴舞就在堅果的誘惑下結束。

猴子的本性並不因為學習舞蹈和戴上面具而改變，猴子就是猴子，看到堅果就原形畢露。如果把人比成這故事中的猴子，人不是在戴著假面具在人生的舞臺上演麼？小人戴上面具，會讓你誤以為是君子；惡人戴上面具，會讓你誤認為是好人；好色之徒戴上面具，會讓你誤以為是正人君子柳下惠。如此偽裝令人防不勝防！

猴子不改其好吃堅果的本性，因此看到了堅果，就忘了自己正在跳舞。人的表現雖然不會像猴子那麼直接，但不管他再怎麼偽裝，碰到他的弱點總會無意識地顯現他的真面目。因此好色的人平時道貌岸然，但一看漂亮的女性就會兩眼發直，言行失態；好賭的人平時循規蹈矩，但一上牌桌，就廢寢忘食，不知罷手。不是他們不知道顯露這種本性不好，而是一看到所好之物時，就耐不住性子而暴露原始的本性——就像那群猴子！

在生活中，你要想知道一個人的本性，可以主動地「投其所好」，讓他原形畢露。如何知道他人的喜好呢？你可以詢問他周圍的人，你也可以在安排的情境中去了解，通過觀察知道其本性。要知道即使是戴著人皮的魔鬼，也總有被人發現真相的一天。

一個人總會在一定的時候去掉自己的假面具的。一旦他最在意的東西展現在他人面前，他肯定會得意忘形，赤裸裸地露出真面目，那時就是他的原型，你就可以根據他的本性來作出決定。一個人的人品，會影響他的行為、判斷和價值觀，甚至影響他為善或為惡的抉擇。無論是交朋友、找合作夥伴或共事之人，觀其本性是必不可少的階段。

在拋出試金石的時候，一定要謹慎，不要讓對方察覺；否則可能弄巧成拙。因為人際關係是相互的，在你試探別人的時候，不要忘記你也有被對方試探的可能。所以，一定要注意你的行動要不著痕跡地，不能讓對方一眼就看穿了。

10

交友，先看他的朋友

識人的訣竅可從各種小事中看出對方的本性，
像是他對一般人的舉止行為，
如在餐廳對服務生的態度。
如果我們要認識新朋友的品質，
最容易的是，先看他身邊有什麼朋友？

生活中有許多人，他們的外表和本質有很大的不同：有表面莊重嚴肅而行為輕浮的；有外表溫良敦厚而陰險狡詐的；有貌似恭敬而心懷輕慢的；有外表廉潔謹慎而內心虛偽的；有看似真誠專一而實際是無情無義的；有外在威嚴而內心懦弱的。這些就是人的外表與內心世界不相一致的種種情況。我們應學會從對方每一個細微的動作、每一種習慣中，窺一斑而知全豹，分辨人的本質和心性。

曹操晚年曾讓長史王必總督御林軍馬，司馬懿提醒他說：「王必嗜酒性寬，恐不堪任此職。」曹操反駁說：「王必是孤披荊棘曆艱難時相隨之人，忠而且勤，心如鐵石，最是相當。」不久，王必便被耿紀等叛將矇騙利用，發生了正月十五元宵節許都城中的大騷亂，幾乎導致曹氏集團的垮臺。

司馬懿從王必嗜酒這一習性，而預見此人日後將鑄大錯，以一斑而窺全豹。曹操在任用王必上一葉障目，與司馬懿慧眼識全機有高下之分。

但人又是變化的，對人的識別不能停留在若干年之前的印象中。「士別三日，當刮目相看」，有時，一個人變化之迅速與徹底，是超乎人們想像的。在人的變化中，有先廉潔後腐化的，有先邪惡後善良的，有先謙恭後傲慢的，識別人時都要充分考慮到。

我們可以從一個人的交友中看到這個人的本性。人們常說「物以類聚」和「龍交龍，鳳交鳳」，性情近似的人容易聚在一起，因為他們價值觀相近；所以才湊得起來。所以性情耿直的就和投機取巧的人合不來，喜歡酒色財氣的人也絕對不會跟自律甚嚴的人成為好友！觀察一個人的交友情況，大概就可以知道這個人的性情了。

除了交友情況，也可以打聽他在家裏的情形，看他對待父母如何，對待兄弟姐妹如何，對待鄰人又如何。如果你得到的是負面的答案，那麼這個人你必須小心，因為對待至親都不好了，他怎麼可能對你好呢？若對你好，那是另有所圖……

總之，我們在生活中要時刻保持清醒的頭腦，從小事上面入手，看清人的真面目。

第四章
如何尋求支持與合作？

01

權威效應最有說服力

權威效應，又稱為權威暗示效應，
是指一個人要是地位高，
有威信，受人敬重，
那他所說的話及所做的事，
就容易引起別人重視，
並讓他們相信其正確性，
即「人微言輕、人貴言重」。

「權威效應」的普遍存在，首先是由於人們有「安全心理」，即人們總認為權威人物往往是正確的楷模，服從他們會使自己具備安全感，增加不會出錯的「保險係數」；其次是由於人們有「讚許心理」，即人們總認為權威人物的要求往往和社會規範相一致，按照權威人物的要求去做，會得到各方面的讚許和獎勵。

美國某大學心理系的一堂課上，一位教授向學生們隆重介紹了一位來賓——「施米特博士」，說他是世界聞名的化學家。

施米特博士從隨身攜帶的皮包中拿出一個裝著液體的玻璃瓶，說：「這是我正在研究的一種物質，它的揮發性很強，當我拔出瓶塞，它馬上會揮發出來。但它完全無害，氣味很小。當你們聞到氣味，就請立刻舉手。」說完，博士拿出一個碼錶，並拔開瓶塞。一會兒，只見學生們從第一排到最後一排都依次舉起了手。但是後來，先前那位心理學教授告訴學生們：施米特博士只是本校的一位老師化裝的，而他那種正在研究的物質，也只不過是蒸餾水罷了。

這也是權威效應應用時的奧妙所在：你可以不是權威，但是如果你能讓人感覺到你是權威，你就能讓人相信你的話。大部分的人總是會習慣性的思考問題。

所以，我們對權威的信賴，使我們往往受到權威的暗示所引導，而這裏並不需要權威的實質，也許一些權威的假象就可以左右我們的言行。這些暗示可以是頭銜、服裝或者其他外部標誌。即使是具有獨立思考能力的成年人，也會為了服從權威的命令而做出一些完全喪失理智的事情來。

就如開車來說：綠燈亮起時，人們往往會根據停在前面的車是名車、還是普通車型而確定是否以按喇叭的方式來進行催促。如果是名車，排在後面的人往往會等得久一點。坐在名車裏的人就一定是受人尊重的人嗎？當然未必。但是他的車是名車，所以在別人眼裏，他這個人的地位自然就提升了。

在人際交往中，我們可以巧妙地利用權威效應來影響他人，製造一些權威的表象。給自己冠上一些權威的頭銜，或者象徵某種權威的身分標誌，都能讓人刮目相看，給他人以心的震撼，讓人敬仰，信服，接受你，贊同你，改變自己的態度和行為來屈從於你的暗示和建議。

02

狐假虎威名人效應

「狐假虎威」說的是——
狐狸想利用老虎的威嚴來壯大自己的聲勢。
這句話也被人們作為貶義來引用，
表示這種人本身沒什麼能耐，
卻靠著某種關係仗勢欺人。
但這種手段也可以讓我們在辦事時使用，
用得好，也不失為一種高超的辦法。

在美國的華爾街，一位剛畢業的商學院的學生在他的辦公室牆壁的中央掛著一幅美國石油大王洛克菲勒的照片作為裝飾。雖然他和照片上的人物毫無瓜葛，但是這幅照片總是使得別人聯想到他與石油大王有某些關係。這位學生利用人們的心理錯覺將計就計，與很多大富翁交往，在他們的幫助下，使得業務走紅，並在短期之內發了財。

有一位剛開始創業的老闆，在接待客戶時候，一旦判斷對方能夠有權做出重大的決定，他就會帶客戶去自己平時也不進入的豪華的酒店或者是俱樂部去，熱情款待對方。為了達到更好的效果他事先會先到酒店或是俱樂部去認識裏面的經理或是接待人員。當客人前來，他便會與事先認識的經理或是接待人員寒暄，被招待的客戶就會認為他經常來此，並認定其非常有實力，便下定決定與其合作，往往能夠成功簽約。這位老闆的事業也在幾年之內就做大了。老闆的成功在於他懂得借勢，借助豪華酒店與俱樂部的名氣來提升自己公司的聲譽。

翻開歷史，古往今來的成功者，誰也不是一生下來就大名鼎鼎，一出生就風光耀眼，一呼百應。他們大多總是先隱蔽在某些大人物的後面，借他的面目來籠絡各路豪傑，借他的聲望來壯大自己的聲勢，一旦時機成熟，或者另起爐灶，或者躍著別人的肩膀往上爬，或者反客為主，把別人吃掉。在做到這一步之前，先把自己的狐狸尾巴藏起來，拉一面大旗作虎皮。

拉大旗做虎皮，在各行各業都起著不尋常的作用。做生意則更要找名人，像美國著名影星克拉克・蓋博在電影裏脫掉襯衫，赤裸上半身，就這麼一個鏡頭，竟使得美國貼身內衣的銷售量急劇下降。而英國王妃戴安娜帶頭穿平底鞋，英國市場上的高跟鞋就無人問津了……這些都是名人效應，有意識地借用，就是借名效應。

攀龍附鳳之心大部分世人都有，誰不希望有個聲名顯赫的朋友：一個明星，或者隨便什麼大人物，如果能與他們牽扯上一定的關係，自己也便沾上了榮耀，在別人眼裏也就身價大增了。

03

示弱攻心術

在你在求人辦事時，不妨讓對方感覺到你的苦處，那麼對方的同情心和優越感，就會自然而然地被調動起來，他就會變得比較樂於幫助你。

人心都是肉做的，在要求他人幫助的時候，可以採取一些攻擊人性弱點的辦法，例如激起別人的同情心，這樣對方會甘心情願來幫助你，因為自身的憐憫會提升對方的優越感，進而會得到對方的幫助。

在人際交往的過程中，強勢的人只能暫時壓制住對方，而不是使對方心服口服，即使對方順從於他，也是一種表面現象。而主動示弱，以弱者的地位達到自己真實的目的，往往能夠直達對方的心底。所以，在與高手或強勢的人過招時，尤其是有求於人時，如果以種種方法都不能打動對方的話，不妨換另一種計策、主動示弱，說出自己的不足，以博取對方的同情心，這樣往往能收到意想不到的效果。

在求人辦事時，還要講究韌性，採用不間斷的方法「攻擊」對方，讓對方在心理上產生一種同情感。

首先，你要做的就是在對方不討厭的基礎上，多出現在對方面前。在所求之人和自己並無深層關係的時候，最好讓他心裏產生這種想法：「我一直不理他，可他又總是來，看起來真是非我不可，而且他也太可憐了。」有了這種想法後，對方便不會輕易拒絕你了。

其次，以情義和熱忱「纏」住對方。當一個人被別人一再請求時，往往會形成一種心理壓力，這種壓力會促使他的態度軟化。不過，也要注意時間、場合和對方性格等客觀因素，因為這種多次糾纏如果使用不恰當的話，反而會產生不良的副作用。

但假如你因為對方的一次拒絕而退縮，那將是你的損失，若做出惡言相對的事情則更是你的不對。在對方拒絕時，不妨向他道歉，這時，對方反而會因為自己的冷漠而愧疚，此時再去求助，你受助的可能性就會大很多。

不過，不到萬不得已，利用對方同情心的方式還是不用為妙，因為引人同情的「哀兵策略」，偶然做一次，可能具有出奇制勝的妙效，但如果常用低姿態去哀求他人，則會給人感覺你就像路邊四肢健全卻向行人乞討的人一樣，非但得不到對方的同情，反而會讓對方覺得不屑甚至鄙視。

攻心的策略在求人辦事中起著重要作用。人人都喜歡聽好話，在求人辦事時，不妨說些對方願意聽的話，然後再慢慢引出你要求對方做的事。在捧人的時候，要注意你捧的方面要與所求的事相聯繫。

04

心理暗示作用

「暗示」是利用語言、文字、肢體語言，
以及各種情況、情境等影響力，
這種影響力會使人按一定的方式，
接受某種信念與意見並付諸行動。
「暗示」的特點在於接受暗示的人，
在暗示的作用下，不需經過說理論證，
不會進行分析批判，
就會盲從地接受這種「暗示」的效果。

人們為了追求成功和逃避痛苦，會不自覺地使用各種暗示的方法，比如困難臨頭時，人們會相互安慰：「快過去了，快過去了。」從而減少忍耐的痛苦。人們在追求成功時，會設想目標實現時非常美好、激動人心的情景。這個美景就對人構成一種暗示，它為人們提供動力，提高挫折耐受能力，保持積極向上的精神狀態。

一位年輕的賽普勒斯國王名叫皮格馬利翁，他很喜歡雕塑，是個有名的雕刻家。有一天，他得到了一塊潔白無瑕的象牙，就用它精心地雕刻了一個美麗可愛的少女。這個雕塑實在是太美了。皮格馬利翁每天都用深情愛慕的眼神呆呆地凝視她，久而久之，他竟然深深地愛上了這個雕塑，熱切地希望她成為一個真正的少女。他給雕像穿上美麗的長袍，擁抱她、親吻她，他真誠地期望自己的愛能被她接受。後來皮格馬利翁的誠心感動了天神，天神就使這個雕像真的變成了一個美麗的少女，和他生活在一起。

這就是心理學上著名的「皮格馬利翁效應」，也叫「期待效應」。意思是，熱切的期望，能使被期望者達到期望者的要求。

你在向潛意識示意的時候，一定要用些美好的暗示，像那些能治癒人的、能保佑人的、能激勵和啟迪人的話語。切記，你的潛意識別存著「開玩笑」的態度，把它當成是真的來接受。

自我暗示可以用來消除恐慌和消極的心態。一位年輕歌手被邀請去試唱，她一直期待著這次面試。由於前幾次她心裏一直擔心失敗，所以在試聽時不能充分發揮。這個女歌手嗓音很好，但她常對自己說：「我唱的他們不一定喜歡吧？雖然只是來試試看，但我還是很擔憂……」她的潛意識接受了這些消極的暗示，並在適當的時候做出了反應。這些偶然的或無意識的消極暗示被感情化和主觀化了。

「暗示」在我們生活中無處不在：影視作品、廣告、報刊雜誌在傳播著各種資訊；在與人交流中，別人的話會對自己產生影響，自己的想法也會對自己的行動產生很大作用。因此「暗示」又可分為自我暗示和他人暗示。

當我們希望別人成為我們希望的人時，就應該給他傳遞積極的資訊，告訴他可以成為這樣的人。你希望他成為什麼，他就能成為什麼。當他有了天才的感覺，他就會成為天才，當他有了英雄的感覺，他就會成為英雄。

讚美引導成功，抱怨導致失敗。讓對方感受到你的欣賞期待，他會按照你的意願而變化，成為你期待中的人。每一個人都有可能成功，但是能不能成功，取決於周圍的人能不能像對待成功人士那樣愛他、期望他、教育他。

05

釣魚要用魚餌

我們要從他人的普遍需求入手，
人們都有尊重的需求，自主表現的需求，
與人交往的需求，情感的需求，宣洩的需求，
和被社會共同價值觀承認的需求。
只要懂得關注他人的不同需求，
你的需求也會得到相對的回饋。

如果人們在說話辦事時，能夠站在他人的立場去想問題，這個世界必然會少很多糾紛。人要在這個世界生存，必然有各種各樣的需求，物質需求和精神需求，生理需求和社會需求。如果能夠滿足他人的需求，對方必然積極地為你去做一些事情。

就如釣魚一樣，我們釣魚用的是魚餌，用魚喜歡吃的東西，而不是用自己喜歡吃的東西去釣魚，這個道理是很淺顯易懂的。而且不同的魚要使用不同的餌，如果使用一種魚餌去釣不同的魚，一定會是徒勞的。

同理，我們希望得到他人的支持，就應該滿足他人的需求，這樣他人才會反過來滿足我們的需求。釣魚的原理也是人際交往的法則，能夠影響他人的方法，就是時刻關心對方的需求，並且想方設法滿足對方的需求。

有一次，美國大文學家愛默生和他的兒子，要把一頭小牛犢趕進牛棚裏，愛默生在後面推，兒子在前面拉，可是那頭小牛怎麼也不進去，橫在門口。這讓父子倆犯難了，兩個人愁眉苦臉的站在牛的旁邊。

這情景被一個女傭看見了，她懂得牲口的感受和習性，也懂得這頭小牛最基本的需求，於是她出去拿了一把綠油油的牧草，站在小牛的前面，小牛看到牧草也不用人往裏推，就直接跟著女傭進了牛棚。

愛默生的失敗就在於，他沒有用小牛的需求來引導小牛，結果達不成讓小牛進牛棚的目的；而女傭的成功就在於她用小牛的需求來引導小牛，結果不費任何力氣把小牛引進了牛棚。

我們在生活中也是一樣，如果我們成功地得到他人的幫助，我們就要站在他人的立場來看問題，並且滿足對方的需要。

這個道理誰都明白，可是真正做起來卻並不是那麼容易的。我們大多數人在大多數時間想到的是自己，忽略了他人，自然也會被他人忽略。我們要學著改變這種「只想自己」的習慣。

通常我們一起出去玩，我們首先會選擇自己喜歡的地方；我們在餐廳點菜，會點我們喜愛的菜餚；甚至我們讀書的時候，也會選擇我們喜歡的科目。人從出生到這個世界上來，所有的舉動，所有的出發點都是圍繞自己。

但是，我們如果從別人的立場去考慮問題，會贏得更多的朋友，也更加容易達到目的，得到的也會更多。如果我們與他人發生摩擦，雙方都能夠冷靜下來，把自己擺在對方的立場上處理問題，換位思考一下，這樣我們就不會總是責怪對方，也不會認為對方做的都是錯的，認為自己才是正確的了。

06

好奇心是人類的本能

當我們在看電視的時候，正在緊要關頭，廣告就跑了出來或是明天待續……我們當然還想看下去，結局到底是什麼，那個人死了沒有？那個壞蛋有沒有得逞？後來那男的和女的有沒有在一起？這一切懸念都會吸引我們繼續往下看……

假如有人在路邊向一隻螞蟻身上吐了一口唾沫，然後蹲下去看螞蟻如何從他的口水海中掙扎出來，不久，準會圍一大堆人看。這種現象都說明人都有強烈的好奇心。人的好奇心也是推動人類進步的動力之一。如果不是人類解開一個一個「為什麼？」人類也不會發展到今天這個地步。

牛頓對蘋果落地的好奇，發現了萬有引力；人類對居住環境的好奇，使得人類航海，發現了地球是圓的。心中的好奇推動著我們去努力，滿足了好奇心之後，我們也增長了知識。我們在與人交往中，如果能夠調動他人的好奇心，就能夠控制他人的心理，也就會使他人按照我們的意圖來行事。

本來歐洲農民很排斥馬鈴薯，著名的法國農學家安瑞・帕爾曼就在一塊低產田上栽培馬鈴薯，並且安排一支身穿儀仗服裝、全副武裝的國王衛隊來看守這塊地。但是他們只是在白天看守，到了晚上，警衛就撤退了。這使得周圍的人們特別好奇，是什麼東西需要這麼謹慎的看守？一定是很好的東西，才會這樣受到重視，害怕別人偷走。

人們這樣一想，就猜測種在地裏的馬鈴薯一定是非常好的東西，於是人們相約晚上的時候偷著去地裏挖馬鈴薯，種到自己的地裏。這樣馬鈴薯得到了很好的推廣，而且人們也發現偷來的馬鈴薯確實是一種味美而且獨特的產品。農學家就是利用了人們好奇的心理，來達到推廣馬鈴薯的目的。人總是這樣，越是不知道的東西，就越是好奇，總是會想方設法去了解，直到得到了答案。

就如《聖經》裏面的亞當和夏娃。上帝不讓他們吃智慧果，可是這樣一來反而使他們對智慧果感到了好奇，最後經不住蛇的誘惑，吃了智慧果。上帝對他們做了懲罰，他們被趕出了伊甸園，過上了艱苦的生活。

就如潘朵拉的盒子，在古希臘神話中，有一個叫潘朵拉的姑娘，從萬神之神的宙斯手裏得到了一個神祕的盒子，宙斯禁止她私自打開盒子。但是好奇之心的驅使下，她將盒子打開了，於是，災禍由此飛出，充滿人間。

人們渴望揭示未知事物的奧祕，本來一個平常的事物，如果遮遮掩掩，反而會吊起人們的胃口，非要研究明白才能吃得香睡得好。人們往往會有這樣的心理，越是被禁止的，越是被別人專用的東西，肯定就是好東西；就是因為好，才捨不得給別人享用，這樣更加促使他花費心思弄到手，如果得到了，就會有一種成就感，會比容易到手的東西更加珍惜；如果得不到，便會哀歎，甚至一生都會為其惋惜。

07

不妨稍為挑戰對方

攻擊對手的小問題，
能夠使對方心理產生動搖，
使對方產生畏懼心理。
這時你再提出自己的要求，
就很容易會得到滿足了。

在商業中，這種手段經常被運用。在美國有一家投資公司，曾經與銀行保持良好的關係，但是後來因為經濟不景氣，銀行就做出了雨天收傘的打算。包括這家投資公司，也受到了波及。該公司老闆希望銀行能再增貸一些資金，但是都未能如願。

過了一段時間，他想出了一個辦法，他讓公司的會計部門羅列出很多條對銀行的抗議事項。銀行對這種抗議顯然有一些措手不及。銀行主任立刻打了道歉電話，他提出銀行的辦事效率太低、手續過於繁雜，致使公司國外併購的計畫被拖延，因此遭受了巨大的打擊，言語之中大為不滿。

恰巧這時侯，該銀行的一名職員一時疏忽，把這個投資公司的一筆款項錯存入其他帳戶。這件事上，投資公司的老闆又借題發揮，並且大發雷霆。把銀行以前的種種錯誤全部列舉出來，要銀行作出解釋並且提出具體的解決方法。

兩個星期以後，銀行經理在聽到客戶的諸多投訴以後，心理已經做了最壞的打算。準備接受一切嚴厲的批評和指責。此時投資公司老闆打電話過來了。但是他對於過去發生的事情絕口不提，反而很親切的問道：「對於兩年以上的貸款的利息怎樣算的？」

經理便鬆了一口氣，將利息的計算方法詳細地說明出來，並且保證這樣的貸款是當前最有利的方式。這位經理小心翼翼，生怕得罪這位客戶，並且提出銀行願意向投資公司提供一筆新的貸款。這樣投資公司老闆的目的就達到了。

投資公司老闆在對銀行的弱點進行有力地抨擊以後，使得銀行對其膽怯，當銀行經理準備接受投資公司老闆的責難時，聰明的老闆對於銀行的失誤卻隻字不提。反而客氣地詢問某些銀行的相關業務，結果使得銀行主動為其提供貸款。

我們在做事情的時候也可以效法此法，當對手向我們顯示出堅定不動搖的決心的時候，我們就不能再軟弱，可以對其弱點進行攻擊，當然攻擊的弱點必須是實際存在，不能無中生有；否則會被對方視為無理取鬧，對你會置之不理。等到對方確實因為內疚而對你產生虧欠感的時候，你就可以態度謙和。讓對方感激不盡，你想要達到的日的自然會實現了。

08

大棒加胡蘿蔔

有的人吃軟不吃硬，有的人吃硬不吃軟。
所以，我們在辦事過程中，
為了達到某一目的，往往要軟硬兼施，
要使他人誠服，要提高對方的配合度，
往往不是只用一種手段就能可以了。

明太祖朱元璋史稱「雄猜之主」，既野心勃勃又猜疑心很重，心地陰狠。他當上皇帝以後，把當年打天下時的虛賢納士，任人為賢的作風完全拋在腦後，整日想著維護他的皇帝權威。為此，想出種種卑劣的手段排除異己，殘殺功臣。

李善長在跟著朱元璋打天下中，立下了汗馬功勞。開國之初，組織制定法律制度、宗廟禮儀，對國家的昌盛繁榮也是貢獻不小，朱元璋稱他為「功臣之首」，並且封為首任丞相。但是等到朱元璋的天下穩定下來，國富民安之後，對李善長的態度大變。朱元璋總認為李善長居功自大，對他產生了猜忌之心。但是由於李善長功高望重，對他不敢輕舉妄動，只是心裏越加惶恐，於是便採取了一系列的大棒加胡蘿蔔政策。

與朱元璋共事多年的李善長自然知道朱元璋的心思。一連幾天，李善長稱病沒有上朝，同時給朱元璋一個奏章，上奏自己年老體邁，提出歸隱。李善長的奏章正合朱元璋的心意，當場毫不挽留地就批准了他的請辭。剝奪了李善長的權力以後，朱元璋大鬆一口氣。但是也惹來了群臣的異議，讓他們感覺到朱元璋的寡情。為了籠絡人心，安撫群臣，也為了平息李善長心中的不滿，朱元璋把自己的女兒臨安公主下嫁給李善長的兒子為妻，這樣李善長做不成朱元璋的臣子，但是做了國戚。使得群臣不再非議。

任何人在受到大棒的打擊以後，感覺到疼痛是在所難免的，但是之後又得到了「胡蘿蔔」那種痛苦的感覺便會消失，甚至會歡喜。很多領導者也很懂得這一招，對於下屬犯的錯誤既能聽之任之，又不能批評得下屬起對抗的心理。好的領導者往往會在給下屬大棒以後，還會給出「胡蘿蔔」讓其嘗到甜頭。

好的上司，在下屬犯錯又不願意認錯時，往往聲色俱厲，使得下屬不敢再犯。等到下屬改正後，又會和顏悅色，並且對下屬做出的成績不失時機的表揚，這樣的恩威並重的上司當不好領導是不可能的。

09

黑馬中的白馬

物以稀為貴，通常來說，
當一樣東西非常稀少或開始變得稀少之際，
它就會變得更有價值。
短缺原理簡單地說，
就是「選擇越少，價值就越高。」

如果黑馬群中偶爾有一匹白馬，便會顯得十分罕見。工科院校的大學裏，普通的一個女生也會被男同學視為公主。我們見慣了紅色、黃色、紫色等花，但是如果我們偶爾看見了一朵白色的花，會產生眼前一亮的效果。同樣，一種本來我們沒有多大興趣的東西，僅僅因為正在變得越來越少時，便會引起我們的注意。

收藏品就是如此。收藏家們最能敏銳地意識到決定某個東西的價值時短缺原理所起到的作用，不管他們感興趣的是什麼收藏品。存在於收藏界的「珍稀錯誤」現象就很典型：能說明稀缺的重要性。有時帶有瑕疵的藏品，比如印刷模糊的郵票或印刷錯誤的錢幣，會比那些沒有瑕疵的藏品價值更高，因為這些瑕疵藏品非常少。在國內外的一些古董行裏，商家總是說自己的古董是唯一的，其實也是要創造短缺效應，從而造成物以稀為貴的處境。

夏天，我們在購買冷氣機時，商家通常會告訴我們某種商品供應緊張，不能保證一直有貨。比如，他們會說：「這種冷氣機的機型只剩下兩台了，其中一台已經被人預訂了。下次來貨還不確定是什麼時候！」這些數量有限的資訊有時候是真的，但很多時候則是完全騙人的。然而不論是哪種情況，其用意都是一樣的，那就是讓顧客相信這種東西不可多得，從而提高它在顧客心目中的價值。

我們在購買衣服時，服裝店的老闆總會　種款式的衣服只掛上一件，等到有顧客對此件衣服感興趣的時候，老闆總會告訴顧客，這樣款式的衣服只有一件了，顧客試了衣服後總會不怎麼討價還價，拿了衣服就走。就只剩一件衣服了，還有什麼可挑剔？可以討價還價的呢？殊不知，等顧客前腳一走，不多久，老闆就又從倉庫裏面拿出了同樣一件衣服來掛上。

不僅是在買賣中此種方法得到大量的運用，在其他很多地方短缺原理都可以得到應用，其中比較有代表性的就是談判。當某種東西變得短缺時不僅會讓我們更想得到它，而且當我們必須通過競爭才有可能得到它時，我們想得到它的願望就會更強烈。這一短缺原理不僅能在談判中的應用，同樣也可以應用在其他各種領域。

10

輿論的效應

眾口鑠金，積毀銷骨。
可見輿論的威力之大！
在某一些事件中，
如果你想達到目的，戰勝對手，
不妨試試使用輿論對其施加壓力。

幾年前，一家月餅廠商因為用過期的餡料做月餅，並用冬瓜假冒鳳梨被新聞曝光後，該廠家便一蹶不振，甚至禍及與它同名的另一公司的產品的銷售，其他的商家也急忙與其劃清界限。幾年後，市場上仍然看不見這一牌子的產品在市面上露臉。可見新聞輿論能夠決定一個企業的生死存亡。

曾在報上報導過的，廣州出現的「牛拉寶馬」事件中，BMW車主買到的車子不到三個月，行程不足五千公里，卻已發生了多起在行駛過程中自動熄火事故，導致危險叢生。該車主強烈要求寶馬公司更換新車，卻遭到諸般推託或含糊答覆，遲遲卻未見兌現。該車主一怒之下，用一頭牛拉著這部寶馬到經銷商門口，以抗議寶馬公司的欺騙消費者的行為。

結果呢？這一事件發生後，記者於是採訪了一些問題寶馬的車主，他們的投訴就包括車在行駛途中會突然出現熄火現象，以及寶馬針對這些車主作了個別回應和處理，引起了很大的迴響……

事隔半年，寶馬主動召回所有可能存在這種「熄火」問題的七系列車子，免費更換油箱，這種主動和當時的被動相比，就是一種進步，而這種進步背後我們可以看到四個字的剪影「輿論監督」。

試想一下，假如沒有媒體的存在，沒有輿論的監督，在車市競爭如此激烈的時候，寶馬是否會坦然承認自己的問題？

在現實中很多人都懂得利用輿論，或者可以叫做流言蜚語來攻擊他人。甚至，即使沒有惡意，有時候傳言對當事人也會造成重大的傷害。因為一般人們要直接傳話，他人不會相信。但若是毫無厲害關係的人傳話，被傳話的人會容易接受。

在與人有競爭性的交往中，如果你想削弱對方的自信心，打擊對方的意志力，你不妨借助一下輿論的壓力。要知道謠言有時候是造成他人傷害的核子武器。

11

人人都會有弱點

人無完人，無論是偉人、聖賢、還是哲人亦或是凡夫俗子，都有弱點。我們只要多動腦筋，對這些弱點巧加利用，只要抓住對方的盲點，迎合對方的興趣愛好，一切都能得心應手，如你所願。

童貫是北宋的一個小太監，他有善於察言觀色的能力，讓他在宋徽宗時期發了大跡。宋徽宗繼位之後，派遣童貫四處收羅天下名畫，供他觀賞臨摹。童貫來到書畫藝術最為發達的杭州，他把蘇杭一帶的歷史名畫和人才源源不斷地送到宋徽宗面前。並且把自己的好友，精通書法和繪畫的蔡京一併舉薦給宋徽宗。

童貫深知如何討得宋徽宗的喜歡，每一次送給宋徽宗的書畫之中都帶有蔡京的作品，並對蔡京大加讚賞。宋徽宗本熱愛書畫，加上親信的吹捧，竟然決定拜蔡京為相。而童貫在朝中的地位更加牢固。童貫能夠權傾朝野，也就是抓住了皇帝對書畫的喜好，使自己平步青雲、扶搖直上。

歷史上常用的美人計也是來自於攻其軟肋。都說英雄難過美人關。對於一些強大的將領，一般不可強攻，而使用美人計便是上上之策。

在古今中外戰爭史上，一方運用「美人計」致對方於死地的事例有很多。歷史上很多君王，往往為了一己之貪戀，而不惜捨棄其他一切，置國家、人民的安危於不顧，最終導致亡國亡家的敗局。

不僅僅在這樣一些人人皆知的事情上面，利用人的弱點達到計畫的目的，在生活中，我們也可以看到很多這樣的例子。做生意的商人就是看透了人們愛佔小便宜的弱點，而謀取更大的利益。我們隨處可見當節假日來臨時各大百貨公司、大賣場人山人海，顧客接踵摩肩瘋狂購物，就好像裏面的東西都不要錢了。

因為每到節假日，商家們都推出了讓利促銷，什麼「跳樓價」「週年慶」或是購物滿多少就回饋多少錢的商品，有的顧客為了能夠拿到贈品，便購買一些自己不需要的東西，以達到獲贈的額度。顧客得到了實惠了麼？其實真正獲利的是商家，他們把積壓了很久的商品一售而空。

曾經有一位熟悉商場促銷把戲的人坦言，其實他們很多產品在節假日買的價錢並不比平時低。只是他們公司把商品的原價提高了很多，然後再按幾折出售，其實價錢並沒有差多少。而消費者一看見打折商品便命地購買，殊不知商家正躲在後面邊數錢邊偷笑呢！

我們做事也是一樣，在與人共事時，應該抓住對方的弱點，集中攻取一點，從對方最重要最軟弱的地方下手，這樣對方就會乖乖就範，才會成功達到自己的目的。

12

做人就要懂得感恩

求人辦事後，不管事情成功與否，
也不要忘了再次感謝對方的幫助，
哪怕只是最普通的一句問候，
都會讓事情更加圓滿。
假如在辦事前你表現得卑躬屈膝，
而在對方施以援手後卻不知感謝，
只會把自己以後的路堵死。

有的人在被提拔以後，能夠果斷地採取一些積極的措施，把工作做得有聲有色，對提拔自己的人也是必恭必敬，沒有一絲一毫的自高自大。當然，也有些人在沒有獲得重用的時候，每天低著頭、彎著腰做人，但是一旦獲得了提拔，立即換上另一副氣高趾昂面孔。

要知道人際關係是自己一步步走出來的，求人之後表示感謝並不是件無關緊要的事，相反，它對人際關係有很好的促進作用。不管你是什麼人、處於何等地位，都應該在求人辦完事後適當地表示感激，這樣做會讓對方感覺心裏暖暖的，當你再次有求於他時，他依然會盡力幫忙，因為他已經感覺到你並非忘恩負義之輩。

在人際交往中，事成之後表示感謝更容易拉近彼此間的距離，說不定還會讓你有意外的收穫，比如被感動之餘，對方不用你求也會主動為你排憂解難，因為這時的你已經得到了他的信任。在表示感謝的時候，有如下幾種讓人聽了心裏舒服的說法：「這件事多虧了您幫我的忙，托您的福，真是太感謝您了。」這樣一句開門見山式的話，往往會讓對方覺得心中溫暖，這時你們之間的關係將會更進一步。「上次的事，實在太麻煩您了，如果沒有您的幫助，一定無法過關。實在太感謝您了。」聽了這樣的話，對方會覺得幫助你是值得的。

求人辦事後表示感謝時，要切記自己不是去炫耀或找心理平衡的，以驕傲的態度去他人面前示威還不如不去，因為採用這種行事方法，即使你能敲開一百扇肯幫助你的門，你的行為也會堵死一百門扇門，你的「無情」已經眾人皆知，即使原本想幫助你的人也會悄然離開。所以在成事後感謝幫助你的人時，一定要收斂起自己的得意。

要記住，過不過河都不拆橋，才是求人辦事的硬道理。

第五章

最好的和解，是將敵人變朋友

01

人前要避開鋒芒

當你面對矛盾忍不住與人爭吵，
這無形中就樹立了一個敵人，
其實，你得到的將不只是一個敵人，
你在精神上所受到的威脅，
將十倍百倍於對方實際上給你的威脅。

明朝年間，在江蘇常州，有一位姓尤的老翁開了個當鋪，生意一直不錯。某年年關將近，有一天尤翁忽然聽見鋪堂上人聲嘈雜，走出來一看，原來是站櫃臺的夥計同一個鄰居吵了起來。夥計上前對尤翁說：「這人前些時典當了些東西，今天空手來取典當之物，不給就破口大罵，一點道理都不講。」那人見了尤翁，仍然罵罵咧咧，不認情面。

尤翁卻笑臉相迎，好言好語地對他說：「我曉得你的意思，不過是為了渡過難關。街坊鄰居，區區小事，還用得著爭吵嗎？」於是叫夥計找出他典當的東西，共有四、五件。尤翁指著棉襖說：「這是過冬不可少的衣服。」又指著長袍說：「這件給你拜年用。其他東西現在不急用，不如暫放這裏，棉襖、長袍先拿回去穿吧！」

那人拿了兩件衣服，一聲不響地走了。當天夜裏，他竟突然死在另一人的家裏。為此，死者的親屬同對方打了一年多官司，害得別人花了不少冤枉錢。原來這個鄰人欠了人家很多債無法償還，走投無路，事先已經服毒，知道尤家殷實，想用死來敲詐一筆錢財，結果只得了兩件衣服。他只好到另一家去扯皮，而那家人不肯相讓，結果就死在那裏了。

後來，有人問尤翁：「你怎麼能有先見之明，向這種人低頭呢？」尤翁回答說：「凡是蠻橫無理來挑釁的人，他一定是有所恃而來的。如果在小事上爭強鬥勝，那麼災禍就可能接踵而至。」人們聽了這一席話，無不佩服尤翁的聰明。

面對矛盾，許多人會用強硬手法去爭。但如果對方比你還強，你用強硬，別人更強硬，結果就難以預料了。實際上，低頭不單是緩和矛盾，也能化解矛盾，而爭執只有在極端的情況下才能解決矛盾，而在多數情況下只能是激化矛盾。在很多事情上，頭低一些，退讓一步，不但自己過得去，別人也會過得去，產生矛盾的基礎不復存在，矛盾自然就化解了。彼此能夠相安，禍端就遠離了。

有一位德高望重的老者曾說過：「大街上要是有人罵我，我連頭都懶得回，因為我根本就不想知道是誰在罵我。」

我們在生活中有時會遇到惡意的指控、陷害，或者與人爆發矛盾而爭吵，更經常會遇到種種不如意。若因此大動肝火，結果只會把事情搞得越來越糟。而如果能很好地控制住自己的情緒，懂得隱忍，泰然自若地面對各種刁難和不如意，在生活中就能立於不敗之地。

03

千萬不要去碰別人的痛處

俗話說：「打人不打臉，罵人不揭短。」
世上沒人願意讓別人拿自己的短處做文章，
如果不分青紅皂白，
一味地攻擊對方的短處，
很容易引發舌戰，
甚至導致報復而兩敗俱傷。

與別人聊天時一定要避免觸及別人的傷痛之處的話題，把握好說話的分寸，不要傷害對方的自尊心。

事實上，每個人心中都有自己的忌諱，人人都討厭別人提及自己的痛腳。有時候，即使是讚美他人也會不小心地衝撞到對方，從而引起對方的反感，甚至招來怨氣。

無論是聊天還是發生爭吵，有些口無遮攔的人總是喜歡揭對方的短，甚至讓對方出盡洋相，從而獲得降服對方的快感。看見別人沒面子、無地自容，他就會覺得很高興，其實這是一種不道德的做法。

每個人都有自己不願提及的過去，每個人的心理都有一道不願揭開的傷疤。幾乎任何人都不想被人提起傷心的過去，誰也不想揭開那道傷疤。一旦圖一時之痛快，揭開了別人那些極力掩飾的傷疤，就像是在往人家流血的傷口上撒了一把鹽，那種鑽心的疼痛會讓人永遠記恨於你。

明太祖朱元璋做了皇帝之後，很多舊相識都來找他，希望皇帝能夠給他們封個一官半職。第一個玩伴來找他時，見面就連聲疾呼「吾皇萬歲」，這大大滿足了朱元璋的自尊心，所以一高興就賞給他一個官職。當這個消息不脛而走時，很多人都想找朱元璋要官做。

其中，有一位朱元璋的兒時好友，千里迢迢，幾經周折才見到了朱元璋，為了使朱元璋記起兒時的點滴生活，他一見面就把朱元璋兒時的劣跡、老底都揭了出來，希望讓朱元璋回想起自己和他有多麼要好麻吉。當著文武百官的面揭穿皇帝的老底，這讓朱元璋的顏面喪失殆盡。於是，盛怒之下，朱元璋以冒充者為由，下令將兒時玩伴殺了。

每個人都有所長，相應也就有所短，不論是才高八斗的學士，還是官居要職的領導，為了保住顏面，都不喜歡把自己的隱私和痛處公之於眾。所以，不要當眾揭穿對方的隱私、痛處或缺點，更不要在這些禁區上大做文章，否則最終吃虧的只能是你自己。

不要將他人的不足時刻掛在嘴邊，即使在特殊的情況下，也要變通一下再說，這是應酬的技巧，也是獲得友誼的良策。俗話說：「會說話的讓人笑，不會說話的使人跳！」這就是語言的變通所能達到的不一樣的效果。

03

得理也要饒人

俗話說——
有理也要讓三分，
得饒人處且饒人。
你想要別人如何對你，
你先要那樣對待別人。
有理也饒人，
給他人一條路，
也是給自己留後路。

古時有一個叫楊翥的人，他的鄰人丟失了一隻雞，便指明罵被姓楊的偷去了。家人告知楊翥，他說：「又不只我一家姓楊，隨他罵去。」還有一鄰居，每遇下雨天，便將自家院中的積水排放進楊翥家中，使楊家深受泥汙潮濕之苦。家人告知楊翥，他卻勸解家人：「總是晴天乾燥的時日多，落雨的日子少。」久而久之，鄰居們被楊翥的忍讓所感動。有一年，一夥賊人欲搶楊家的財寶。鄰人得知後，主動組織起來幫楊家守夜防賊，使楊家免去了一場災禍。

古時有個叫陳器的人，與一個叫紀伯的人做鄰居。有一天夜裏，紀伯偷偷地把陳器家的籬笆拔起來，往後挪了挪。這事被陳器發現後，心想，你不就是想擴大點地盤嗎？我滿足你。他等紀伯走後，又把籬笆往後挪了一丈。天亮後，紀伯發現自家的地又寬出許多，知道陳器在讓他，他心中很慚愧，主動找上陳家，把多侵佔的統統還給陳家。

忍讓和寬容、能饒人處且饒人說起來簡單，可做起來並不容易。因為任何忍讓和寬容都是要付出代價的。人的一生誰都會碰到個人的利益受到別人有意或無意的侵害。為了培養和鍛鍊良好的心理素質，就要勇於接受忍讓和寬容的考驗，即使感情無法控制時，也要緊閉住自己的嘴巴，忍一忍，就能抵禦急躁和魯莽，說服自己，就能把忍讓的痛苦化解，產生出寬容和大度來。寬容和忍讓、得饒人處且饒人是制止報復的良方，也是收服別人、讓人忠心為自己做事的高妙手法。

戰國時期，藺相如連獲大功，深得趙惠王的喜歡，被提拔為上卿。這比為趙國立下汗馬功勞的廉頗的職位要高，所以，引起了廉頗的極大不滿。廉頗認為藺相如沒有真才實學，只憑一張嘴就謀取了高職，所以很看不起他，並揚言，「遇上藺相如一定要羞辱他一番。」藺相如聽說此話後就時時處處忍讓，儘量不與廉頗碰面，甚至為了不和廉頗見面而裝病不上朝。

有一次，藺相如乘車外出，不巧遇上廉頗，就忙吩咐下人駕著車子躲開他。因為他這樣怕廉頗，跟隨他的人也感到羞慚而想要離開他。藺相如對他的隨從解釋道：「我連威嚴的秦王都不怕，我難道會怕廉頗嗎？我是為了國家的安危才時時忍讓他的啊！」

藺相如對隨從的解釋傳到了廉頗耳中。廉頗深感羞愧，便解衣赤背，背著荊條，通過門客的引導來到藺相如的家中請罪，說道：「我這個粗陋卑賤的人，不知道將軍寬容我到這樣的地步啊！」

04

不妨故意暴露自己的弱點

遇到與自己勢均力敵的對手時，
處處顯出自己的強悍，
會增加敵人的警惕心理，很難取勝。
這時，如果能夠抓住敵人驕縱的弱點，
示弱於對方，讓敵人掉以輕心，
這樣反而能夠取勝。

有人說「人生就是一個大競技場」。

如果你想擊敗一個強勁的對手，你會怎麼做？

在他的面前表現你的強悍？

當然可以，如果你有足夠的信心，如果你的實力遠遠超過對手。

不過，有可能你剛好遇到一個勢均力敵的對手，如果還這麼做，就不算是「明智之舉」了。

正所謂「驕兵必敗，哀兵必勝。」

在很多時候，示弱恰恰是戰勝對手的良策。

我們很多人也會有過這樣的經歷，在我們參加各種比賽前的心態與行動來講就可以知道了。如果知道競爭對手很強大，我們通常會忐忑不安，同時也會全力以赴，會想盡一切辦法提高自己的技能。我們還會研究對手的強項，針對對手的強項，苦練自己的基本功，不惜拼命。這就是一般人常說的「遇強則強」的道理。

相反，如果競爭對手相對較弱，我們會感到輕鬆，也比較自信，雖然仍在繼續為比賽做準備，但不知不覺中，我們有點心不在焉，沒有了警惕性，沒有了破釜沉舟的決心，沒有了奮力一搏的拼勁。

結果，在那些看起來難以取勝的比賽中，我們出乎意料地贏了；在那些看起來很容易取勝的比賽中，卻莫名其妙地輸了。

在面對挑戰時，我們儘量不要讓對方知道自己的虛實，如果我們擁有十分有利的條件，更不要輕易將它顯示出來。

相反，我們還應以適當的方式，故意暴露「弱點」給對方，以麻痹對方，這樣我們可以攻其不備，從而輕易取勝。

05

用「我們」來代替「我」

說話，常用「我」的人，敵人只會愈來愈多；而常用「我們」的人，敵人也會變成朋友。「我們」「大家」這類具有共同意識的字眼，會讓人產生「同志」的一體感。你也會因此少一個對手，多一個朋友。

自古就有許多政治人物或領導者，都會利用這種「我們」的策略來籠絡人心、化敵為友，當他舉起手中的刀槍或拳頭時，成千上萬的聽眾也會同樣地舉起拳頭，高喊他的名字。

往往偉大的人物都是非常有號召力的，他們通常能夠靠著演說，將聽眾緊密地聯繫在一起。他們善於運用的語言策略和肢體語言，讓廣大的群眾認同他並產生共同意識。演說中，他們總會一直使用「我們」「我們大家」等字眼，來籠絡人心，使聽眾產生「命運共同體」的感覺。這樣的演說策略，會使許多人認為這是攸關大眾利害的事情，並非為了個人的利益。

每個人的內心或多或少都存有潛在的「自我意識」，誰也不願意被別人左右。如果他認為你是在說服他，那麼他的反抗意識就會更加激烈，而不願意接受你的看法，即使你說得天花亂墜、頭頭是道，在他眼中也不過是為謀取私利而進行的偽裝表演。

經常使用「大家」「我們」等這類字眼，會使人感覺到大家均是同路人，是生命共同體，於是對方原本頑固的心理防衛會不攻自破，並在不知不覺中認同你的觀點。自我意識愈強的人，越容易被對方這種「我們」的說話策略所催眠。

同樣的道理，男女交往時，更要經常用「我們兩人……」來開頭說話，這才會讓對方產生親密感。

當「我們」取代「我」的時候，它所迸發的力量將是無窮的，是不可估量的。成功者通常會有自己的交際圈，人際關係也會很廣泛。

「我之所以能跑在其他競爭者的前面，就在於我擅長走捷徑——與人合作。在我創造財富之旅中的每一程，你都能看到合作的站牌。因為從踏上社會的那一天起我就知道，在任何時候、任何地方，只要存在競爭，就不可能孤軍奮戰，除非他想自尋死路。聰明的人會與他人包括競爭對手形成合作關係，憑藉他人之力使自己生存下去並強大起來。」

——這是洛克菲勒總結自己成功的祕訣時說的。

要知道僅憑一個人的能力是很難完成自己的事業的。只要有人願意幫你，不斷地給你提供各種資源，你就能有更多成功的機會。「我們」比「我」的力量強大，要想獲得成功，就要善用無數的「我們」的力量為「我」所用。

06

何不把期待降低一些

一個人對事物的預期心理，
會影響一個人對該事物的評價。
如果結果比自己預期的好，自然就會很愉快；
反之，則會很不愉快。
通常，愉快或不愉快的程度，
和預期之間的差異成正比。
好得越多，就越愉快，
差得越多，就越鬱悶。

一個人，通常對任何事情都是有預期心理的。如果結果符合自己的預期，人的心態會比較平和，對結果也比較容易接受。如果結果超出自己的預期，則不太可能保持平和的心態，很容易陷入兩種不同的狀態：愉快或者不愉快，甚至憤怒。

就拿遲到這事來說吧，假設你可能會遲到一個小時。如果最初怕對方不高興，只告訴對方至少要「遲到三十分鐘」，對方會認為「就三十分鐘而已」，不會產生多少不愉快。但是，如果後來真的遲到了一個小時，這個結果符合你自己的預料，但與對方的預期相比，晚了整整三十分鐘。這三十分鐘足以讓對方急不可待，對你作出消極的評價，認定你這人不守信用。

想要改變一個人對事物的評價，可以在改變對方對該事物的預期上下功夫。比如，一個孩子，某次考試前準備不足，估計自己考不好，為了不讓父母太失望，他可能對父母說：「老師講這次的考題會很難，能及格就很不錯了。」結果，這孩子考了85分，與平時相比少了近10分，可是，當他把試卷拿回家，父母並沒有責罵他，反而還表揚了他。因為父母的預期是60分，多出的25分自然能讓父母滿心歡喜。

又如，一位大夫，遇到一個病情比較嚴重的患者，他希望得到患者家屬的理解與支持，於是，故意對他們說「也許已經有些晚了……」聽了這話，患者家屬對最壞的事態就有了足夠的心理準備。然後大夫又說「儘管如此，我會盡全力去做的！」於是，家屬的心裏充滿了期待與感激。

如果後來病人完全治癒，其家屬的喜悅就會倍增，萬一有什麼不幸，他們也會認為「醫生已經說過有些晚了，看來真是這樣子」而予以接受。

如果你身為管理者，公司預計一定幅度地縮減某類專案的投資，為了免於對下屬的積極性打擊過度，你不妨事先告訴負責此類專案的下屬，專案的經費可能會大幅度地削減。這樣，下屬心理有了準備。等到結果出來，專案經費的削減幅度遠小於他的預期，他自然會很驚喜，會更有幹勁。

如果你身為職員，上司讓你預計某項工作的完成時間。你最好不要如實相告。你最好告訴他一個超出預期的時間。如果工作進展不順，超出了你的預計，但卻在上司預期的時間內完成。這時，在上司的眼裏，你是勝任這份工作的；如果工作在你的預計時間內完成，比上司預計的時間短，上司會認為你很努力，會因此更加相信你的能力，給你更多機會。

07

試試低姿態的力量

法國哲學家羅西法古有句名言：
「如果你要得到仇人，
就表現得比你的朋友優越吧；
如果你要得到朋友，
那就讓你的朋友表現得比你優越。」

人不大容易改變自己條件的強弱，但卻可以通過示強或者示弱的方式，來為自己爭取最有利的位置。

越國國君勾踐被吳國夫差打敗以後，勾踐作為亡國之君，不得不遵從吳王夫差的條件，懷著滿腔的羞愧，帶著送給吳王的宮廷美女及金銀財寶，帶著自己的王妃虞妲，去吳國做囚徒。

一日，吳王夫差登上姑蘇台，遠遠望見勾踐和夫人端坐在馬糞堆旁，心裏便有了同情和憐憫之心。

他對太宰伯喜說：「在這種窮厄的境地還能堅持，真不容易啊！」

伯喜說：「不但可敬，更是可憐啊！」

夫差說：「太宰所言極是，我有些不忍心看了，倘使他們能夠改過自新，就赦免他們，讓他們回國吧！」

一日，勾踐聽說吳王夫差有病，請求探視，此時恰逢吳王要大便，勾踐便說：「臣在東海，曾跟醫師學習過，觀察人的糞便，就能知道人的病情。」一會兒，吳王大便完畢，將桶拿到門外，勾踐揭開桶蓋，手取其糞，跪在地上嘗了嘗。左右都掩著鼻子。勾踐又走到室內，跪下叩頭說：「囚臣敬賀大王，你的病一至三日就痊癒了。」

吳王夫差問：「你怎麼知道的？」

勾踐說：「臣聽醫師說，夫糞者，穀味也，順時氣則生，逆時氣則死。今囚臣嘗大王之糞，味苦且酸，正應春夏發生之氣，所以知之。」

夫差大受感動，說：「你真仁義啊！比我兒子侍候得還好。」

不久，夫差就送勾踐回國了，這才有了後來的滅吳之舉。勾踐何以贏得吳王的同情和憐憫，那就是他放下了身段，擺出了卑下的姿態。

向對方示弱，讓對方表現得比你優越，是人際關係學中很關鍵的學問。

對立者地位比你高，你表現出卑下的姿態，容易得到諒解、同情甚至憐憫。對立者地位比你低，你表現出卑下的姿態，容易消除敵意，得到認可甚至讚賞。

對方產生反感時，其潛在心理就是，希望自己的優越得到認可。而一旦他發現對方比自己差時，便不再反感，甚取而代之以同情、憐憫。也就是說，當你面對一個反感你的人，不妨大膽示弱，放棄自己的優越性，讓自己處於卑下的地位。這樣，對方的怨氣沒了，反感沒了，你也就被接受了，成了最後的贏家。

08

「忍」是心口上的一把刀

人常常會逞一時之快，
說出或做出讓自己後悔的事情，
「小不忍則亂大謀」
是我們在社會上最常被規勸的一句話。
「忍」乃是一種大智慧。
因此，當有事時，千萬要沉得住氣，
不要逞一時之快，而一敗塗地。

人往往容易因一些芝麻小事，就動輒失去理智，此時擁有忍耐力就顯得異常重要。因為在這個社會，難免會遇到不順心的事，或被羞辱，或被誤解，自尊心受到強烈的挑戰。有句俗話說：「百忍成金」，它從某種意義上道出了「忍」的意義和價值。

首先，「忍」有助於緩解矛盾衝突。在和別人發生矛盾時，只要有一方採取「忍」的姿態，主動放棄對抗，就會使矛盾失去繼續激化的可能，從而使矛盾趨於緩解。

其次，「忍」能導致問題的「冷處理」。在矛盾狀態下，雙方頭腦發熱，不夠理智，很難做出正確的判斷。而一方的「忍」就會使雙方脫離接觸，獲得冷靜理智處理矛盾的機會。

最後，以長遠來看，「忍」還有助於成就大事。事有大局與局部、長遠利益與眼前利益之分。當眼前衝突有礙大局和長遠利益時，「忍」的態度就成為顧大局的最佳選擇。成大器者往往能權衡利弊，決不會因小而失大。

從某種意義上說，忍耐是保全人生的一種謀略，忍耐是一種彈性的前進策略，有時「以退為進」也可以是一種很好的攻擊，就像戰爭中的防禦和後退就是迎取勝利的一種必要準備。

清人辛啟泰曾經說過這樣一句話：「不能忍，則不足以任敗；不任敗，則不足以成事。」意指不忍受一時的挫折，就經不起失敗的考驗，經不起失敗的考驗，就不能獲得最後的成功。有一種人固執於「寧為玉碎，不為瓦全」的觀念，結果弄得「玉碎瓦破」。不知輕重、不能看遠一點的人，自己吃虧也就罷了，連累了大局，更是罪加一等。小不忍則亂大謀，務必謹記在心。在反敗為勝的過程中，「忍」字的作用不可低估。保持冷靜需要忍，韜光養晦需要忍，撤退避敵更要忍。

漫漫人生路，退一步、等一等，不過是歇歇腳，為走得更遠做準備；低一低頭，更是為了今後能夠頂天立地。一次以退為進的等待能讓你從「山窮水盡疑無路」轉眼便「柳暗花明又一村」。

航行中的船隻，在遇見到大風浪時，並不是要迎頭衝上去，而是要暫避到無風的港灣。知道進退的人，才能利用時機成就自己。只退不進，是懦夫；只進不退，是莽夫。進退得當，才能從容面對成敗，瀟灑成就人生。

09

老二哲學

隱藏自己的光芒，
將自己處在一個相對不顯眼的位置。
不走在人前，不做出頭鳥，
這樣就不致招來妒嫉而受攻擊。

劉備在與曹操「青梅煮酒論英雄」就是韜光養晦的極致表現。那時劉備在呂布與曹操兩大勢力爭奪中無法保持中立，只好依附曹操，共滅呂布。

曹操在許田圍獵時故意表露了有篡位的意圖，以試探臣下的心態。大臣們敢怒不敢言，只有關羽「提刀拍馬便出，要斬曹操。」而劉備「搖手送目」攔住關羽，還要用言語恭維曹操說：「丞相神射，世所罕及！」體現出深隱的心機。於是當董承、王子服等人憑漢獻帝血寫密詔結盟討曹操時，便把劉備也拉入這個政治集團之內。劉備簽名入盟後，「也防曹操謀害，就下後園種菜，親自澆灌，以為韜晦之計。」

曹操何等精明，想到劉備這樣志向遠大的英雄突然種起菜來了，一定有什麼重大事情影響了他，於是派大將許褚、張遼等數十人將劉備「請」至丞相府，「盤置青梅，一樽煮酒，二人對坐，開懷暢飲」，演出一段膾炙人口的歷史戲劇。曹操故作暗示，要劉備承認自己本懷英雄之志。劉備則故意拉扯旁人，先抬出最讓人看不起的袁術，曹操斥之為塚中枯骨。劉備又舉出袁紹、劉表、孫策、劉璋等人，唯獨不提參加董承為首的討曹聯盟的馬騰和他自己。曹操不滿意，乾脆直言相告：「今天下英雄，唯使君與操耳！」劉備擔心的是討曹聯盟之事暴露，聽到曹操稱自己為「英雄」，以為事情已經暴露，手上匙勺也掉在地上。為避免曹操進一步懷疑自己，只好推說是害怕雷聲所致。曹操聽了，覺得這樣一個連雷聲都害怕的人，也許根本不是什麼「英雄」，於是將戒備的疑心放下。

如果說處於弱勢的人為了保護自己有向強勢者示弱的必要，強勢者何必韜光養晦呢？這裏面也有很多奧妙。一般來說，強勢者大權在握，處在比較顯眼的位置。這樣，他必然受到過多的關注，也必然會有很多需要應付的事情。這樣，他會把許多的精力分散在與人周旋、交際應酬上。

一個人如果沒有安靜思考的時間，長期處在重要的位置指揮、領導、周旋、應付，久而久之，精力、腦力、健康、便會透支。這就要求處在領導位置的人，避開眾人的焦點；避開不必要的繁雜事物，回到比較隱蔽的位置。這樣的位置有助於修身養性、恢復體能；有助於人們不斷反思、不斷調整，拓展自己的心靈空間，增強自身的力量。

這樣，當人再一次投入工作中時，就會有足夠的智慧和精力去面對。所以，強勢者也常常會運用「韜光養晦」這種生存策略。只不過強勢者和弱勢者運作韜光養晦的手段和目的不一樣罷了。

10

幽默可化解一切

善於運用幽默的人，
都是能夠抓對對方心理的人，
從而在某種程度上與對方達成共鳴。
適時運用幽默的方式能夠化解矛盾，
同時還可使他人感受到你的人格魅力。

在社會人際關係上，常常會發生一些令人意想不到的事情，比如對方言語上的冒犯，或是對方的反應較為激烈，或是半路殺出個程咬金等。面對這些猝不及防的事情，有些人常常會表現得狼狽不堪。這時有效的解決方式，就是用幽默來化解尷尬的局面。

古時候，有位商人想請官員幫個忙。在得知官員喜歡金絲鳥時，便去市場上購置。但不巧的是，他走遍整個市場才買到了七隻。按照當時的說法，「七」是個不吉利的數字，這商人擔心把鳥送去之後，官員會生氣，所以決定找一隻看上去和金絲鳥類似的鳥類混進去，湊夠八隻獻給官員。

官員看見這些金絲鳥自然是愛不釋手，當他仔細玩賞一遍後，突然間就黑下了臉，指著那隻混進來的「金絲鳥」說：「這是怎麼回事？是不是你故意放進來欺侮我孤陋寡聞的？」

商人聽後鎮定地說：「回稟大人，您的眼力果然厲害。可是您不知道，這隻混進來的『金絲鳥』是其他七隻外國金絲鳥的隨行翻譯！」官員一聽忍不住笑了。雖然商人的話聽著有幾分荒謬，但是，他說話幽默得體，所以不但沒有獲罪，反而獲得了嘉獎。

有位客人到一家星級飯店吃飯，點了一份龍蝦刺身。當菜上來之後，客人發現盤中的龍蝦少了一隻腳，就好奇地詢問侍者其中的緣由。侍者一時不知該如何回答，就只好請來老闆。老闆見狀，先是道歉說：「真是對不起先生，您知道，龍蝦是一種閒不住的動物。所以，您點的這隻龍蝦可能恰巧在與同伴打架時被咬掉了一隻腳。」此時，客人也不示弱，同樣巧妙回道：「既然是這樣，那就請你給我換那隻打了勝仗的龍蝦吧！」

客人和老闆對於「殘缺的龍蝦」存有分歧，但是雙方都沒有故意激化矛盾，更沒有傷及對方的自尊，而是選擇用幽默的說辭解決了這個問題，這樣既保護了飯店的聲譽，又維護了顧客的利益。

處於尷尬的境地時，無論是隨機應變還是荒誕的推理，只要善於運用一些幽默的技巧，就足以讓自己擺脫尷尬境地，甚至還會給對方以回擊，這就是幽默的積極效用。

人和人相處時，難免舌頭碰牙齒。在生活中，擁有一顆寬容之心，容忍他人的過失，這樣才能擁有更多的朋友，做事也能左右逢源，諸事遂願。相反，若凡事都「明察秋毫」，眼裏容不下半粒沙子，即使兩人之間出現個雞毛蒜皮的小事，也要弄出個是非曲直，這樣路會越走越窄。

第六章

改變自己，贏得友誼

01

雪中需送炭

錦上添花不如雪中送炭，
瞭解了他人目前的困境，
能力所及，及時助人一臂之力，
君子助人本來就不求回報！
不過，無意中卻可能改變一個人的一生。

機遇是什麼？恐怕沒有人能說清楚，但機遇會以各種形式、在各種時候大駕光臨，比如，你給別人的一次不經意的幫助。

柏年在美國的律師事務所剛開業時，連一台影印機都買不起。移民潮一浪接一浪湧進美國的這片沃土時，他接了許多移民的案子，常常深更半夜被喚到移民局的拘留所領人，還不時地在黑白兩道間周旋。他開一輛掉了漆的老福特，在小鎮間奔波，兢兢業業地做律師。終於媳婦熬成了婆，電話換成了四線，擴大了辦公室，又雇用了專職祕書。辦案人員氣派地開起了「賓士」，處處受到禮遇。然而，天有不測風雲，一念之差，他的資產投資股票幾乎虧盡，更不巧的是，歲末年初，移民法又被再次修改，職業移民名額削減，頓時門庭冷落。他想不到從輝煌到垮台，幾乎是在一夜之間。

這時，他收到了一封信，是一家公司總裁寫的：願意將公司30％的股權轉讓給他，並聘他為公司和其他兩家分公司的終身法人代理。他不敢相信自己的眼睛。

他找上門去，總裁是個只有四十歲開外的猶太裔中年人。「還記得我嗎？」總裁問。他搖搖頭，總裁微微一笑，從碩大的辦公桌的抽屜裏拿出一張皺巴巴的五美元匯票，上面夾的名片印著柏年律師的位址、電話，他實在想不起還有這一樁事情，「十年前，在移民局……」總裁開口了，「我在排隊辦工卡，排到我時，移民局已經快關門了。當時，我不知道工作卡的申請費用漲了五美元，移民局不收個人支票，我又沒有多餘的現金，如果我那天拿不到工作卡，雇主就會另雇他人了。這時，是你從身後遞了五美元上來，我要你留下地址，好把錢還給你，你就給了我這張名片。」

他也漸漸回憶起來了，但是仍將信將疑地問：「後來呢？」

「後來我就在這家公司工作，很快我就發明了兩個專利。我到公司上班後的第一天就想把這張匯票寄出，但是一直沒有。我單槍匹馬來到美國闖天下，經歷了許多冷遇和磨難。這五美元改變了我對人生的態度，所以，我不能隨隨便便就寄出這張匯票……」

當他人非常困難之時，如果能夠慷慨地予以幫助，定能讓他感動不已，讓他的心靈猛烈震動。他會暗下發誓，有朝一日，定當湧泉相報。此時，你已收穫的是他的心，他的忠誠和情意。來日，或許就有更豐厚的回報。

世界上任何重要的事情，都是人的事情，只要把人打理好了，則無事不可成。你種下人情，將收穫成倍的人情。而滿足他的急需顯然是一顆人情的良種，必將使你收穫人情的碩果。

02

先送出一把傘

如果你能在雨天，先送出一把傘，
對方就會產生一定要報答你的心理。
我們送出什麼就會收回什麼，
給予什麼就會得到什麼。
幫助的越多，得到的也就越多。

拿人的手短，吃人的嘴軟。一旦接受了別人的好處，佔了他人的便宜，再拒絕他人的請求，是很難開口的。這也是當今社會出現這麼多行賄受賄案件的源頭。有人要求當權者辦事，別人肯定不會白白幫你忙，那麼最好的方式就是先給對方一些好處。等撒下餌後，接下來就是等著收穫了。行賄之人懂得要人辦事，先給人好處的道理，而且用在辦事上面，間接操縱手持權力的人。

當從別人那裏得到好處，我們總覺得應該回報對方。如果一個人幫了我們一次忙，我們也會幫他一次，或者給他送禮品，或者請他吃飯。如果別人記住了我們的生日，並送我們禮品，我們也會對他這麼做。

一旦受惠於人，就會總感覺虧欠了別人什麼似的，如芒在背，渾身不自在，必須回報，才能讓自己的心理重壓獲得解放，讓自己的心靈獲得自由，心安理得地生活。

我們可以有效地利用人的這種受了恩惠要回報的心理，先主動給予對方一些好處，非常自然的好處，對方就會回報給你多得多的好處和方便。

在生活中，我們經常會見到這種現象：想找別人幫忙，就會先熱情地帶上一些禮品什麼的送到他家裏去，或者先請他吃飯，往往後面的事情就順理成章，比較好辦了。

「給予就會被給予，剝奪就會被剝奪。信任就會被信任，懷疑就會被懷疑。愛就會被愛，恨就會被恨。」人是三分理智、七分感情的動物。我們送出什麼就會收回什麼，幫助的越多，得到的也就越多，假如自己越吝嗇，也就越會一無所有。

欲有所得，當先給予。在交際中，我們主動為他人提供某些資訊，為他人介紹朋友，給他人提供一定的方便，他人通常也會回報給我們類似的或者多得多的資訊、朋友和方便。

我們在生活中大可以牢記這一規則。如果你有求於人，不妨先給對方好處，讓對方先占你的便宜，欠下你的人情，然後你再提出請求，這樣即使事情有些讓他為難，他也會因為要還你的情，而不好拒絕，那樣你的目的就會達到。我們要給他人好處，讓他人欠下我們的人情，我就要在適當的時間，適當的地點，用適當的方式進行。

03

站在高處，看向遠方

做一個有智慧的人，
就要有長遠的眼光。
就如同釣魚一樣，
「放長線，才能釣大魚」，
要懂得施小恩，
才能得到大實惠。

某中小企業董事長的手腕高人一籌。他長期承包那些大電器公司的工程，對這些公司的重要人物常施以小恩小惠，對年輕的職員也殷勤款待。這位董事長並非是無的放矢。事前，他總是想方設法將電器公司內各員工的學歷、人際關係、工作能力和業績做一次全面的調查和了解，主要是為了想在員工中發現一些大有可為之人，以後再將他們納為該公司的要員時，不管他們有多年輕，都盡心款待。其實，這位董事長這樣做的最根本目的是為日後有更大的發展作準備。他明白，要釣到魚，需要耐心放線，慢慢積蓄力量，他現在做的虧本生意，日後一定會「利滾利」地收回。

這樣，當有朝一日這些職員晉升至處長、經理等要職時，還記著這位董事長的老關係。因此，在生意競爭十分激烈的時期，許多承包商倒閉的倒閉，破產的破產，而這位董事長的公司卻仍舊生意興隆。其原因除了他平常慧眼識人之外，在放線的過程中所體現出來的耐心也是極為可貴的。

子楚是秦王庶出的孫子，在趙國當人質，他乘的車馬和日常的生活都不富足，生活困窘，很不得意。呂不韋到邯鄲去做生意，見到子楚後非常喜歡，說：「子楚就像一件奇貨，可以囤積居奇。以待高價售出。」於是他就前去拜訪子楚，遊說子楚拜華陽夫人為母。呂不韋拿出五百金送給子楚，作為日常生活和交結賓客之用；又拿出五百金買珍奇玩物，自己帶著西去秦國遊說，使得安國君答應，立子楚為繼承人，安國君和華陽夫人都送好多禮物給子楚，而請呂不韋當他的老師，因此子楚的名聲在諸侯中越來越大。

呂不韋選取了一姿色非常漂亮而又善於跳舞的邯鄲女子一起同居，知道她懷了孕。並賜此女給子楚。此女對子楚隱瞞了自己懷孕在身，到十二個月之後，生下兒子名政。子楚就立此姬為夫人。

安國君繼秦王位，守孝一年後，加冕才三天就突發疾病去世了，諡號為孝文王，子楚繼位。莊襄王元年（前二四九年），任命呂不韋為丞相，封為文信侯，河南洛陽十萬戶作為他的食邑。莊襄王即位三年之後死去，太子趙政繼立為王，尊奉呂不韋為相邦，稱他為「仲父」。從此呂不韋的事業扶搖直上、平步青雲。使得呂不韋取得如此成功的便是他過人的膽識，和長遠的眼光，呂不韋牢牢掌握了放長線釣大魚的技巧。

04

尋找一個「引路人」

如果你想求人辦事，
但是你與這個人並不熟悉，
你該怎麼辦呢？
如果就這樣很冒失地上門拜訪，
嚴重的可能會吃閉門羹。
最好的辦法就是找個引路人，
為你牽線搭橋，
你的問題就很容易得到解決。

著名的詩人徐志摩在很小的時候，就對語言及文學表現出非常濃厚的興趣，可是直到十幾歲時，他還覺得自己在這方面的學習有比較大的欠缺，他意識到自己需要一位名師來指點他。

於是徐志摩開始四處打聽名師。他聽說梁子恩是位在文學方面很有造詣的人，徐志摩便非常想拜他為師。可是沒有人引薦，自己怎麼去見梁子恩呢？即使去了，一個名不見經傳的孩子也會被梁子恩拒絕的。

徐志摩開始關注他周圍有沒有與梁子恩能夠攀得上關係的人。後來，他得知自己的表舅和梁子恩是同學，徐志摩便請表舅從中為自己引薦。本來表舅是不太願意讓徐志摩學習文學的，可是由於徐志摩的堅定和懇切，表舅答應了他的請求，親自帶著徐志摩去拜見梁子恩。徐志摩也是因為有了這位名師的指導才有了突飛猛進的進步，最終成為一位詩人。

在求人時找一個合適的「引路人」會避免因不熟識吃閉門羹的尷尬。同時，你還可以通過引路人對對方的脾氣、性格、愛好等有所了解，也就不會因為不知道對方的喜好而在無意中冒犯對方了。

李先生有事想託張先生辦，所以想要送些禮物表示一下，可是因為雙方不太熟識，他怕張先生拒絕，不僅事情辦不成，還會讓自己很沒面子。

恰巧，李先生的妻子與張先生的妻子是熟人，於是李先生便讓妻子帶自己一起去張先生家拜訪，而且事前問了對方有沒有什麼忌諱。他又從妻子口中得知張先生的母親快要過生日了，於是給老人準備了一份厚禮。由於做了事前的準備，這次登門拜訪便一舉成功了。

如果所求的人你不是很熟悉，借助「引路人」的力量是求人的妙招。你應該讓對方熟悉的人為自己鋪路引薦，然後帶上適當的禮物上門拜訪。如果恰巧趕上一些比較喜慶的日子則更好，和雙方都認識的人一起去慶賀，對方一定會感受到你的尊重，談起事情來也容易得多。

所以我們在平時就要注重擴大自己的人脈關係，人際關係是一筆巨大的財富，良好的人際關係也是辦事的籌碼。因為即使你不認識他人，總有別人認識甚至熟悉，你認識了別人，也就等於認識了這個人。

在辦事中，我們要懂得為自己牽線搭橋，懂得為自己牽線搭橋，事情往往能夠順利得到解決。但是事情過後，千萬不能做過河拆橋的事情。即使一件事情做好了，說不定以後還有其他的事情會求到別人。

世界很小又很大，要是一次做了忘恩負義的人，很可能你就聲名遠揚了，你周圍的人都知道你的為人，誰還願意幫助你，做你的橋呢？

05

巧發脾氣的藝術

適當發發脾氣，有時很有效。
脾氣不能亂發，要發得理直氣壯，
讓得寸進尺的人懂得後退；
要發得合情合理，
讓忍受你脾氣的人意識到自己錯了。
偶爾發發脾氣，往往會使對方產生畏懼心理，
從而順從你的意思去做事。

你也許會在某個商場看到這樣的場景，有時會有顧客衝著服務人員就所賣出的貨物的品質或因別的原因而大發雷霆。此時服務人員往往就著問題試圖進行解釋，可是買主根本不會聽，繼續大吵大鬧，而通常這種事情的結局都是賣方為求息事寧人，不得不按照買主想要的方式解決問題。

可以說，有時亂發脾氣會對你成事起到積極的促進作用。社交其實就是一種智慧和心理的較量。在社交過程中，當雙方對某事產生一些分歧時，在雙方都不願妥協的情況下，不妨用發脾氣的方式讓對方產生壓迫感和畏懼，給對方一種壓力，使對手決定重新調整自己的利益，做出一定程度的讓步。因此，巧妙地向對手施壓常常成為社交中逼迫對手妥協的一個重要方法。

一個女孩的辦公室裏有一個男同事經常講黃色笑話，其他男同事和中年婦女還能和他對付一陣，吃不著大虧，而這位女孩是辦公室裏唯一一位未婚小姐，很多話聽不入耳也說不出口，所以屢屢被他佔便宜，很是苦惱。一次，這位男同事又對她說了話，她保持沉默，一句都不說，板起面孔裝沒聽見。他便問她，怎麼今天不理我了，是不是『昨晚』我得罪你了？言詞故意曖昧不堪，這位女孩終於逮著一個人多的機會，大聲地回答他：「你早上都不刷牙就出門了嗎？滿口髒話！」

自那以後，那位男同事果然收斂了很多，也客氣多了。

在社交中發脾氣也是一門藝術，如果脾氣發得好，可以對你的交際有所幫助。不過關鍵是要看發脾氣是你有意使用的方法，還是真的被對手激怒了。假如是前者，對方會做出一定的退讓，假如是後者，則會讓自己失利，因為一個人在情緒上處在太過激動的情況下時，會喪失理智和判斷力，從而做出在清醒狀態下根本不會做的事，而這正中了有意激怒你的人的計。這樣的發脾氣對你而言就是得不償失的。

脾氣就像狼來了，經常喊就不靈了，又像一杯烈酒，一輩子不喝總少點痛快。大千世界，平衡是一條永遠的法則，人與人相處最需要的也是平衡。互相尊重，互相關心，互相幫助，互相學習，好像翹翹板，平衡平等地運動，兩個人才能都感到和睦快樂。有時，脾氣也可以成為天秤上的平衡法碼，讓有些傾斜的天秤重回正常狀態。

必然要用理性來控制發脾氣的度。採用這種方法時要注意兩點：首先，你的脾氣要強到讓對手知道你的決心不能動搖；其次，發脾氣時要注意觀察對方，看對方的承受能力如何，發脾氣要控制在對方能承受的範圍內，否則可能會適得其反。

06

拐彎抹角達到目的

我們很多時候會處在這樣一種情形之中，
對一件事情礙於面子，
往往很難直接說出口，
但是我們如果不說，自己又會有損失。
我們面對如此尷尬的情況如何做最好呢？
我們就可以試試旁敲側擊的方法，
既不會傷了別人的面子，
也不使自己的利益受損。

小燕和安妮一起逛街，小燕看上了一件銀灰色羊毛衫，算賬時發現錢帶的不夠，於是向安妮借了五百元。一個多月過去了，小燕沒還那筆錢，顯然，她是將這檔子事給忘了。安妮當然不好意思開口要。

不過，躊躇再三，安妮仍不想放棄，於是決定採取旁敲側擊的方法，想讓小燕自己記起這筆小小的債務。能夠這樣解決問題，彼此都不失面子。

基於這些考慮，安妮有一次裝樣子向另外一位同事借了五百元購物，次日便如數歸還了人家。歸還之後，安妮又別有用心地掃視一下辦公室，煞有介事地說道：「諸位都想想，我還借過誰的錢沒有？要是借了，您最好提醒一下，有時候我這人有點健忘。」這時小燕才記起自己借錢的事情來，慌忙說道，上次在買羊毛衫向你借的錢還沒有給你呢，真是不好意思，要不是你這麼說，我真的就忘記了。

我們在與人相處之中，對於不好直言的事情不妨採取旁敲側擊的方法，以顧全大家的面子的方式解決問題，這才是上上之策。

人的性情有許多種，如果讓人們進行選擇的話，大家肯定都會喜歡那些性情豪爽、喜歡講真話、講原則的人，而不喜歡那些說話拐彎抹角、含蓄不露骨的人，因為有些人會認為後者為人不誠實，愛耍心眼。可是在現實生活中，那些說話、做事直來直去的人，他們的處境又如何呢？

又如，在你與同事共事時，一遇上自己看不慣的人和事就直言相告，有什麼說什麼，就會使同事心裏不自在，最終使雙方產生誤解或是隔閡，而把自己的人際關係弄得很緊張。

但是，在這裏並不是否定「直言」。不過「方圓」處世哲學認為，直爽並不等於言語毫無顧忌，只圖一時之快，不講方式、方法。直言就像一把雙刃劍，有時是真誠的標誌，有時容易給人帶來麻煩。在你日常的說話辦事過程中，應該正確使用「直言」，讓「直言」變害轉為利的一方。

在與人日常交往中，有些時候，話是不能說得太直太露骨的。不經考慮就單刀直入、話鋒犀利、措辭激烈，並不能顯示自己的高明，這樣除了會讓對方覺得顏面掃地，下不來台之外，還會讓對方在心裏對你產生一定的憤恨。聰明的人在批評他人或給予他人意見的時候，是不會直接切入把話說得太露骨的，而是換一種婉轉的說法，點到為止，不僅給對方留足了面子，留下了餘地，而且使對方在採納建議的同時，還會心存感激之情。

07

讓對方不得不承諾

人做出了一個決定後，
會找無數的理由說服自己，
這就是承諾與行為一致原則。
因此，我們在辦事的過程中，
就可以利用這種承諾原理，
逼迫對方承諾，
讓他全力以赴做你想要做的事情。

承諾會給人帶來壓力，責任心越強的人，對自我形象越是在乎的人，這種壓力會越大。有壓力他就會全力以赴去完成該做的事情。這種壓力也不單單是源於「自我」，它還跟承諾的事情有關，也跟承諾的對象有關。

無論是對他人的承諾，還是對自己的承諾，都是有壓力的，而且，壓力是一樣的，因為「一諾千金」。不能因為面對的是他人，便嚴格約束自己，以及面對自己卻不把承諾當承諾。對他人的承諾沒做到，會影響人際關係，危害自我形象。對自己的承諾沒做到，則解決不了問題，會拖延自己的發展。所以人一旦承諾，就會為了兌現承諾而努力去達到目標。

玩具生意最火的時候是在耶誕節，但在接下來的幾個月裏，玩具的銷售往往會一落千丈。因為大人們剛剛花掉了買玩具的全部預算，所以會堅決地拒絕孩子們再買玩具的請求。即使是那些剛過完耶誕節就過生日的孩子們得到的玩具也很少，因為在耶誕節期間家長們已經把買玩具的錢都花光了。怎樣既保持銷售旺季的高銷售量，而同時又能在接下去的幾個月裏保持對玩具的正常需求呢？

但是有些玩具商做到了。

他們的做法是，在耶誕節之前，在動畫節目中插播一系列某件玩具的廣告。很多孩子看到後就會說，這就是他要得到的聖誕禮物。大人們通常都會答應。為什麼不答應呢？反正耶誕節要給孩子買禮物。

然後，大人們去買這件玩具，但是會發現很多商店都斷了貨，都說已經訂了貨，但是不知道什麼時候貨才能到。但是耶誕節已經到了，於是大人們只好先給孩子買些別的玩具作補償。

耶誕節過後，以前那件玩具的廣告又重新出現了。這時孩子又開始嚷嚷了：那是我要的聖誕禮物！你答應過的，你還沒有給我買。於是，大人們為了履行諾言，只好又跑到玩具店裏去買了。不用問，這時每家商店一定是貨源充足。

這就是這些公司的銷售計畫。他們故意先播出廣告，等待家長的承諾，卻不充分供應玩具，家長們只好先買其他玩具代替。在耶誕節後廣告重新出現，孩子們看到後就更想要了。為了使自己的承諾保持一致，家長們只好再次掏出腰包。

如果一個人做出了承諾，而這個承諾是積極、公開的、經過自身努力做出的，並且是他自由選擇的結果，那麼，他將會有一種維持這個承諾或者立場的壓力，因為他想在別人眼裏以及自己的心裏顯得前後一致。

08

小目標就是大目標的捷徑

我們欲達到某一目的時，
與其把目光盯在最高目標，
倒不如從最可能實現的其次目標開始。
懂得心理運作的人，
都不會去提出可能被拒絕的要求。

在義大利，一個乞討者想得到某人手中的一根香腸，但對方不給，這位乞討者乞求對方可憐他，給他切一小片。對方認為這個要求可以，於是答應了。第二天，乞討者又去乞求切一小片，第三天又是如此，最後這個香腸全被乞討者得到了。

這種效應在日常生活中也存在。在二手車市場，銷售商賣車時往往把價格標得很低，等顧客同意出價購買時，再以種種藉口加價。據有關研究發現，二手車銷售商的這種方法往往可以使人更容易接受較高的價格。如果銷售商在一開始就開出這種高價格，顧客則很難接受。

精明的人們懂得如何一步一步達到自己的計畫，並不是一蹴而就，否則欲速則不達。就如不可能一口吃成大胖子一樣，必須一點一點地來。就像前面提到的乞丐，他懂得香腸要一片一片地要，如果他一下子就要那一根香腸，可能一點都得不到。相反他只要一小片一小片，而逐步地得到了一整根。我們在做事中也是一樣，要向別人請求某一件事情，大可以一步一步地向對方提出小要求，慢慢地達到自己的目標，如果你一次就提出過高的要求，對方會難以接受，你將什麼也得不到。

因為一般來說，人們對比較小的要求容易給對方滿足，而對較高的要求會感到難以接受。因此，有經驗的人們絕不會一開始就提出所有的要求，而是在過程中把自己所需要的條件一點一點地提出，這樣累計起來，就得到了比較優惠的條件。該策略在商業談判中運用得非常廣泛。所以我們要辦成一件事情，一定要試探著前進，不斷地鞏固陣地，不動聲色地推行自己的方案，讓人難以覺察，最終產生得寸進尺的效果。

在與人交往中，想要打消對方的戒備心，不妨從一些他易於接受的小問題入手。一旦小問題解決了，雙方的戒備心就容易消除，會談信心就很容易建立，彼此認同的情緒也逐漸蔓延，為解決最後、最難的問題，打下了良好的基礎。

從最簡單、最容易接受的事項一步步進入到較複雜、較困難的要求上來，這是讓對方接受要求、滿足你的苛刻條件的最好辦法。

相反，如果你第一次就提出最難解決的問題，對方最初就拒絕了你，恐怕你再提出其他容易解決的問題，對方也會予以拒絕。

09

逆向思維看得更清楚

人們習慣沿著事物發展的常規去思考問題。
其實，對於某些問題，
尤其是一些特殊問題，
從結論往回推，倒過來思考，
反而會使問題簡單化，
使解決它變得輕而易舉。

我國古代有這樣一個故事，一位母親有兩個兒子，大兒子開染布作坊，小兒子做雨傘生意。每天，這位老母親都愁眉苦臉，天下雨了怕大兒子染的布沒法曬乾；天晴了又怕小兒子做的傘沒有人買。一位鄰居開導她，叫她反過來想：雨天，小兒子的傘生意做得紅火；晴天，大兒子染的布很快就能曬乾。就是這種逆向思維使這位老母親從此眉開眼笑，活力再現。

「逆向思維」最可寶貴的價值，是它對人們認識的挑戰，是對事物認識的不斷深化，並由此而產生「原子彈爆炸」一般的威力。我們應當自覺地運用逆向思維方法，創造更多的奇蹟。

日本是一個經濟強國，卻又是一個資源貧乏的國家，因此他們十分崇尚節儉。當影印機大量吞噬紙張的時候，他們一張白紙正反兩面都利用起來，一張頂兩張，節約了一半。日本理光公司的科學家不以此為滿足，他們通過逆向思維，發明了一種「反影印機」，已經複印過的紙張通過它以後，上面的圖文消失了。重新還原成一張白紙。這樣一來，一張白紙可以重複使用許多次，不僅創造了財富，節約了資源，而且使人們樹立起新的價值觀：節儉固然重要，創新更為可貴。

想要說服他人，需要記住的最重要的一點就是，從對方的心理防線入手。對方之所以會反對你，並不是反對你這個人本身，而是反對你對問題或事情的觀點與態度。所以，為了緩和與對方的尷尬局面，就要首先找出與對方相一致的地方，也就是你們相同的立場，將彼此的分歧弱化、縮小，這樣對方就會從心裏開始願意接受你，願意傾聽你的觀點。既然對方已從心裏對你做了讓步，無形之中就拉近了彼此的距離。接下來你可以讓先前已縮小的分歧慢慢浮出「水面」，問題自然就會好辦得多。

按常理來講，人們在思考問題的時候，通常都習慣沿著事物發展的正常方向來尋求解決之道。然而，對於一些特殊的問題，從結論往回推，倒過來思考，往往可以使問題簡單化，從而輕而易舉地就將難題攻破，有時還能有意外的收穫。

逆向思維也是激勵法則中最為常見的一種交際技巧。如果利用這種反向推導的方法處理人際交往問題，往往能夠水到渠成，不費吹灰之力就能達到目的。尤其對我們消除人際困惑與矛盾有著非常好的效果。

逆向思維是激勵技巧的一個基本思維方法。有時通過反向推導，就會知道對方需要什麼，討厭什麼。當你知道這些之後，就能夠找到滿足他的方式從而達到目的，避免影響或是破壞兩人之間的關係。

10

虛張聲勢的效果

氣派大的排場，
往往會給他人造成壓倒之勢。
有時虛張聲勢沒什麼不好，
只要不是虛張得讓自己猖狂，
往往沒有什麼成本便能達到理想的效果。

各種商家或是百貨公司開業，往往會營造很大的聲勢，有的是劈哩啪啦放一陣鞭炮，有的甚至請了演出團隊來助興。商家之所以花這些錢，多是為了營造一種氣勢。希望讓他人知道自己的店已經隆重開業了。虛張聲勢的目的主要為了讓他人知道自己，知道自己想讓別人知道的東西。

男的都喜歡表現自己很有錢，於是現在的男人的錢包裏面都插滿了各大銀行卡，他們的卡裏並非就有很多錢，往往只是為了給自己造聲勢，滿足一下自己的虛榮心而已，他想讓周圍的人（尤其是女人）對他刮目相看罷了。有時候他們會問店員可不可以刷卡，甚至會問可以刷哪個銀行的卡？這樣做就是一種宣揚，是一種自抬身價的行為。往往又有很多人對他們投去羨慕的眼光，很多女人也願意送去秋波。

員警在審問一個嫌疑犯時，對方肯定是先矢口否認，員警便作出憤怒的樣子，猛力拍打桌子，時而用腳去踢椅子，那嫌疑犯在驚慌之中，便招供了。在美國電影中，我們經常看到黑社會分子對勒索對象表演一種兇惡姿態。有個傢伙一腳將商店的擺設踢翻，雖然他沒有觸及老闆的身體，可老闆早已嚇得魂飛魄散，乖乖交出被勒索的錢財。

這是一種利用恐怖氣氛逼迫對方就範的辦法。利用人類最原始性的暴力手段，效用很大。人們對暴力行為向來害怕，一旦遇到這種情況，就會驚慌不知所措。在理性和感情處於混亂的情形，最能發揮威力的往往是威脅的力量。西方的政治家和商人都很擅長這種「敲山震虎術」。

這點在專業的銷售人員之中常常運用的到。不管是在為顧客做講解時，還是直接推銷時，在推銷的過程中加入一兩個這個產品的專業名詞，不管顧客聽得懂還是聽不懂，都能起到積極的效果，為什麼呢？當顧客聽不懂的時候，他們就會著急明白那個專業名詞到底是什麼，從而激發他們的興趣；如果大多數人知道這些專業名詞就更好了，因為可以增加他們的可信度。但是我們在引用時應注意方法，免得「偷雞不成蝕把米」，反而顯得自己無知。

首先，我們應該對那些專業名詞做到自己可以真正的理解，只有自己理解了才不至於用錯地方引發尷尬。其次就是對於這些專業名詞使用的準確性一定要把握好，要在推薦產品中適時加入，以強調產品的力道，如果運用時機不對，反而是畫蛇添足，變成多餘的了。再次就是我們引用一兩個就好。這樣做一是避免出錯，另外就是避免我們談得太多，專業性太強的話，老是讓人聽不懂，會讓他人失去談話的興趣。

11

讓對方疲勞的戰術

人的精神和身體處在正常狀態時，他的意志力和判斷力往往就會很強；反之，他的意志力與判斷力就會很弱，反映也會變得很遲緩。所以我們要在交涉中取得成功。

我們知道，員警在審問犯罪嫌疑人的時候，不會讓嫌疑犯睡得足，吃得飽的。往往是對其輪番審問，進行疲勞轟炸。等到對方處於近乎崩潰的精神狀態，然後才請他吸根菸，對方在這種極度疲勞後得到一點滿足的情況下，往往會把什麼都講出來。

讓人的肉體與精神疲憊，會引起對方的心理動搖，最後只要稍微推動一下，就會按照你所設計的目標進行了。日本很盛行的一個管理人員培訓，叫感受器訓練，即洗腦，把受訓的人集中起來，與外界完全隔絕，連續幾個星期讓他們不停地討論，睡很少的覺，身心受到極大考驗，最後學員都稱有脫胎換骨的感覺。

有本雜誌在介紹買衣服的技巧時，教人家怎樣以最便宜的價錢來買衣，其中寫道：「當你在商店裏看見自己喜歡的衣服時要不動聲色，不能讓店員猜出你究竟最喜歡哪一件，而應耐心地與店員討論其他衣服的優缺點，不停地試穿，等到店員產生倦怠，而不知道你是否真心想買，才拿出你喜歡的那件衣服。

這時，你才對滿臉不高興的店員說：「我想買這件，不過最低你能打幾折？」這時候店員肯定會迫不及待的說出一個低價，然後你不經意地掏出錢買下它，其實你的心裏充滿了喜悅。平常絕對不減價的商店，如果碰上這樣花很長時間選擇的顧客，店員必然會花精力長時間地接待他。

在店方看，這位顧客不買什麼東西就離去，彷彿店家就會有很大損失（因為在你身上投資太多時間了）。由於產生了強烈的銷售欲望，因此很輕易地答應顧客開的價。先將對方弄到灰心喪氣的地步，從而削弱對方戰鬥能力心理戰，在社會的各方面卻常被人們使用。

使用疲勞攻心術讓對方心理動搖的，心理動搖會導致心緒焦躁，心緒焦躁會降低理智和判斷能力，從而作出讓步。可見，這種心理作戰具有相當威力。與對方周旋，其實有兩層含義，一是把對方拖煩，二是與對方建立感情，從而動搖對方對客觀事物的判斷能力。在力量相差較大時，就要敢於發動翻來覆去的連環攻擊，以心理上的充分準備彌補客觀上的差距，從而實現既定目標。

12

欲進先退的謀略

我們辦事也要學會以退為進的方法，
如果遇到的是小問題，就應該主動做些讓步，
以引誘對方作出更大的讓步。
有屈有伸，小屈大伸。
人生在世，榮枯之間，本來是浮沉無常，
忍得一時委屈，圖長遠之，
這是聰明人不可或缺的信念。

報紙上曾報導一些商業詐騙案件。當時詐騙者為了取得廠商的信任，在開始合作的時候，都用現金結賬；隨著合作次數的增多，詐騙者慢慢加大成交數額，並且向廠商建議一半用現金支付，一半用支票支付，並且幾次的交易，支票也都如期的兌現，這樣合作了一年多以後，詐騙者與廠商簽訂了一筆數千萬元的大單，並且全部用支票支付。鑑於以前的信譽，廠商及時發貨給對方，但是廠商卻發現這一次的支票是空頭支票，等廠商發覺時，行騙者已經逃之夭夭。行騙者之所以取得成功，就在於之前很及時的付款行為，給廠商留下了誠信的形象。取得廠商的信任後，才採取最終的行動。騙子很懂得以退為進的方式進行行騙。

曾經有這樣一件事：一小孩被人口販子劫持，他最初做出反抗，後猛然想到父母時常教導他不可急躁，凡事都要動腦，用智慧戰勝困難的叮嚀，況且小孩跟本也不是大人的對手。於是，裝出一副貪吃好玩，不諳世事的樣子，對人口販子的吩咐也是樣樣照辦，還主動與人口販子搭訕。幾天之後，人口販子對他的監視明顯放鬆。一天，當人口販子帶著他轉賣途中的城鎮時，小孩趁人不備，跑到交通警察身邊，從而得以回到父母的懷抱。並且將人口販子全數逮捕。這個小孩所採用的正是以屈求伸的策略。這策略，使這個小孩避免了被拐賣的厄運，同時，也免受人口販子的威脅和暴力之苦。

經營人生也是這個道理，居安思危是每個人應有的智慧。得意的時候能想到失意，則知道積蓄力量，而不會得意忘形。縱使跌了個跟頭，相信也能再爬起來。

李嘉誠一生與很多人進行過或長期或短期的合作，分手的時候，他總是願意自己少分一些錢。如果生意做得不理想，他就什麼也不要了，願意吃虧。這是一種風度，是一種氣量。正是因為這種風度和氣量，才有人樂於與他合作，他的生意也就越做越大了。

在條件不成熟時，一鳴驚人，一飛沖天的想法是不切實際的空談與幻想。在發展事業的過程中，切忌暴起暴落，而要腳踏實地，步步為營先求穩，再求變，失敗才不致來得太快，失望也才不會太大。縱使失敗也不愁沒有東山再起的機會。

13

製造期待的夢想

熱切的期望，
能使被期望者達到期望者的要求。
我們只有相信事情會朝著好的方面發展，
它才會朝著好的方面發展，
這就是心理暗示的力量。

哈佛大學的羅森塔爾博士，曾在加州一所學校做了一個有名的實驗。

新學期剛開始，該校的校長就對兩位老師說：「根據過去三、四年來的教學效果顯示，你們兩位是本校最好的老師。為了獎勵你們，今年學校特地從全校挑選了一些最聰明的學生給你們教。記住，這些學生的智商比同齡的孩子都要高。」

校長熱忱地凝視著他們，再三叮嚀：「要像平常一樣教他們，不要讓孩子或家長知道他們是被特意挑選出來的。」

這兩位老師非常高興，感到自己受到了特別的對待和重視，感受到校長對自己的殷切期望和信任，從此，更加努力教學了。

他們在教學過程中，不自覺地流露出對學生的信任、熱情和期望，學生也從老師的眼神和言談舉止中，接收到這種暗示的資訊，感到自己就是與眾不同的，就是天才，就是智商高，最主要的是感到了老師的期待。

結果：一年之後，這兩個班級的學生成績是全校中最優秀的，甚至比其他班學生的分數值高出好幾倍。

知道結果後，校長不好意思地告訴這兩位教師真相：他們所教的這些學生智商並不比別的學生高。這兩位老師哪裡會料到事情是這樣的，只得慶幸是自己教得好了。

隨後，校長又告訴他們另一個真相：他們兩個也不是本校最好的教師，而是在教師中隨機抽出來的。正是學校對老師的期待，老師對學生的期待，才使老師和學生都產生了一種努力改變自我、完善自我的進步動力。

這種企盼將美好的願望變成現實的心理表明：每一個人都有可能成功，但是能不能成功，取決於周圍的人能不能像對待成功人士那樣愛他、期望他、教育他。

當我們希望別人成為我們希望的人時，就應該給他傳遞積極的資訊，告訴他可以成為這樣的人。作為老師和家長，如果希望孩子變得更好，就要儘量鼓勵他們，誇獎他們，告訴他們行。在你的熱切期待中，他們能發生翻天覆地的變化。

如果總是批評他們，暗示他們「馬尾穿豆腐——提不起來」、「朽木不可雕」，那他們就會覺得自己真的不行，就會自暴自棄，不求進取，就真的會墮落下去了。

14

讓對方自己選擇

我們與人交往、辦事的時候，
應該積極地運用選擇式的提問，
在提問的問題裏將我們想要達到的——
最好的效果與最差的效果相互穿插，
迫使對方下意識的選擇其中一種，
如此，非但你的事情辦成了，
還會為你贏得友誼。

世界上沒有一個人喜歡被別人強迫著去做事，或是被迫接受他人的意見，大多數人都喜歡按照自己的思維方式做事。同樣的，如果與自己意見有出入的人，主動來徵求自己的意見，那麼，自己往往是很樂於接受的。

韋森是一家服裝圖樣設計公司的銷售員，他每週都會抽出一天時間去找著名的設計大師，希望對方接納他們公司設計的圖紙。就這樣，一連持續了三年之久，著名的設計師就是不買他們的圖紙，但是每次又都不拒絕看他提供的圖紙。

經過一百多次的失敗後，韋森決定改變策略，拋棄墨守成規的銷售方式，轉而研究人際關係學，而且每星期專門利用一個晚上的時間學習，以幫助自己獲得一些新思想。不久之後，韋森便採取了一種新的推銷方式，他拿著幾張設計師們尚未設計好的圖紙，走進了那些買主的辦公室。與以前不同的是，他沒有一再懇求或說服對方購買他的圖紙，而是請求設計大師們對圖紙提出一些意見或是建議。設計師們同意了韋森的要求，並讓他三天之後來取圖紙。

三天之後，韋森到大師那裏聽取了意見，然後按照他們的想法將其完成。自然地，這筆交易就成功地達成了。自從這筆生意談成以後，這位買主又在韋森那裡訂了十幾種圖紙，無一例外都是按照買主的要求製定的。就這樣，韋森賺取了一筆不少的傭金。

分析前後截然不同的銷售成果，可以得知，韋森之前失敗的原因在於——他總是強迫設計師購買他認為對方需要的圖紙。可是後來韋森的銷售方式卻與過去完全不一樣，他先請對方對圖紙提出建議，這樣就會讓對方覺得設計方案是自己選擇的。通常情況下是沒有人會對自己選擇的提議給予否定的，這樣即使韋森先生不主動要求對方購買，對方也會主動來購買的。

在很多情況下，人的腦中往往會有一種下意識，這種下意識決定了一種隨意性。尤其在對於一些選擇性的問題上，他會說出兩者中自己比較感興趣的東西，而遮掉不喜歡的那個。

我們在早點攤上吃早點的時候，當我們要齊了自己想要吃的早點之後，機靈的老闆或店員，往往會問：「先生，你還要荷包蛋嗎？」而聰明的或者說懂得我們所說的那種下意識的話，就會這樣問了：「先生，您是要一個荷包蛋，還是兩個？」不難想像，哪種問法下的荷包蛋的銷售量會更高一些。

這樣的話，立刻將銷售的重點由「要不要」的問題轉變到了「要幾個」的問題。一下子就將問題的性質改變了，這就是一個銷售「陷阱」，讓那些反應不夠靈活或者好面子的人，自己主動往裏跳的一個語言「陷阱」。這個陷阱的巧妙之處就在於運用了選擇的方式提問的，讓人不易反應過來。這樣一來，即便對方會選擇那個我們最不滿意的，那我們也能夠達到最低效果，從而在交往中占得先機。

人都喜歡按照自己的思維方式去做事情，這是一種心理需求。如果你想讓他人為你做事情，你不妨讓他自己選擇做事方式，明處是他自己選擇，實際上是你強迫他選擇。每個人都有自己的思維方式和既定立場，為了維護自己的尊嚴或面子，都不希望被對方牽著鼻子走。所以要想說服對方，就要讓對方認為建議是他自己想出來的，這樣他就能接受你的想法。

國家圖書館出版品預行編目資料

破譯・人性的弱點／A・艾德華 著 -- 初版
-- 新北市：新潮社，2019.7
面； 公分
ISBN 978-986-316-737-2（平裝）
1. 成功法 2. 人際關係

177.2 108008425

破譯・人性的弱點

A・艾德華／著

企　　劃　天蠍座文創製作
出　　版　新潮社文化事業有限公司
出 版 人　翁天培
電話：(02) 8666-5711
傳真：(02) 8666-5833
E-mail：service@xcsbook.com.tw

印前作業　東豪印刷事業有限公司
印刷作業　福霖印刷有限公司

總 經 銷　創智文化有限公司
新北市土城區忠承路 89 號 6F（永寧科技園區）
電話：(02) 2268-3489
傳真：(02) 2269-6560

初　　版　2019 年 7 月